省级精品课程《财务分析》配套教材

财务分析实训教程

Financial Analysis Training Course

主　编　徐利飞　张占军　王桂英

副主编　王卉娜　霍雨佳

经济管理出版社

ECONOMY & MANAGEMENT PUBLISHING HOUSE

图书在版编目（CIP）数据

财务分析实训教程/徐利飞，张占军，王桂英主编.—北京：经济管理出版社，2017.7
ISBN 978-7-5096-5231-2

Ⅰ.①财…　Ⅱ.①徐…　②张…　③王…　Ⅲ.①会计分析—教材　Ⅳ.①F231.2

中国版本图书馆 CIP 数据核字（2017）第 168894 号

组稿编辑：王光艳
责任编辑：许　兵
责任印制：黄章平
责任校对：董杉珊

出版发行：经济管理出版社
　　　　　（北京市海淀区北蜂窝 8 号中雅大厦 A 座 11 层　100038）
网　　　址：www. E-mp. com. cn
电　　　话：（010）51915602
印　　　刷：玉田县昊达印刷有限公司
经　　　销：新华书店
开　　　本：720mm×1000mm/16
印　　　张：15.25
字　　　数：258 千字
版　　　次：2017 年 8 月第 1 版　2017 年 8 月第 1 次印刷
书　　　号：ISBN 978-7-5096-5231-2
定　　　价：58.00 元

前　言

"财务分析"这门课是会计类（会计、审计、财务管理）专业的一门重要课程，尤其是随着我国经济结构转型，对会计和财务人员的能力要求转向企业分析和决策支持方面，该课程的开设对提高学生分析问题能力和动手解决问题的能力起到重要作用。

但是，长期以来，"财务分析"课程教学并没有达到教学目标，学生上完本门课后，还是没有掌握财务分析方法，不能够独立展开财务分析工作。究其原因是，现有课堂教学侧重理论教学，虽然在教学中穿插以相应案例或习题，但数据获取、整理、计算和分析的全过程锻炼不足，因此，需要在课堂理论教学的基础上，对学生进行单独财务分析实训，通过基于真实的上市公司年报数据全过程的分析训练，使学生掌握财务分析的工具与方法，并转化为个人能力。

基于以上目标，内蒙古财经大学购买了"哲睿企业经营分析软件"，并组织相关教师基于该软件设计编写了本教材。内蒙古财经大学徐利飞老师负责教材总体结构的制定，教材第1章和第8章由徐利飞负责，教材第2章由内蒙古财经大学王桂英老师负责，教材第3章和第7章由内蒙古财经大学张占军老师负责，教材第4章由内蒙古财经大学王卉娜老师负责，教材第5章和第6章由内蒙古财经大学霍雨佳老师负责。

本教材不仅适用于会计类专业学历教育使用，还适用于企业培训、成人职业教育等。

由于目前关于财务分析实训可供参考和借鉴的教材较少，本教材编写中难免疏漏和错误，敬请读者批评指正，以期在后版中修改完善。

目　录

‖第1章‖
财务分析实训与实训软件概述

1.1　财务分析实训的必要性与实施思路

1.1.1　财务分析实训的必要性

1.1.1.1　经济发展对财务管理人才能力提出新的要求

（1）我国目前会计从业人员现状。在传统会计中，会计人员只是在企业生产经营业务发生后，获取原始凭证，根据审核后的原始凭证制作记账凭证，由会计人员登记总账和明细账，期末编制财务报告，并且财务报告编制过程漫长，年度财务报告一般用三四个月时间才能完成编制，由于要遵守不相容岗位内部控制制度，整个会计核算与报告编制过程，需要多个会计人员分工才能完成，有些大企业集团的财务人员达到几百人。据财政部会计资格评价中心、中国社会科学院人力资源研究中心课题组的研究显示，我国 2010~2015 年会计人员的供给量增长很快，如图 1-1 所示，尤其是 2015 年取得会计从业资格证的人员累计达到 2050 万人，大多是从事基础会计工作的人员，具备决策、分析和管理能力的高级会计人员较少。

（2）会计技术的发展过程。随着会计核算技术的发展，简单的会计核算工作岗位呈现减少趋势。在手工记账时代，企业需要大量的会计核算人员完成账、证、表会计核算程序；随着会计电算化的普及，会计核算的计算、审核和报表编制，只需要较少的会计人员点击软件按钮就可以完成，大量的计算工作由软件自

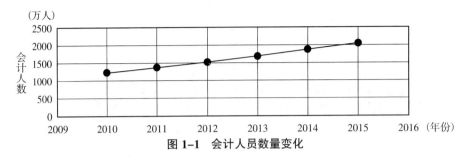

图1-1　会计人员数量变化

动完成，并且，大量的代理记账公司出现，使小型企业可以把会计的部分核算工作分包出去；对于大中型企业，广泛应用了 ERP 系统，使企业的业务系统与财务系统连接，业务数据直接可以转化成会计数据，减少了从事原始凭证的获取和记账凭证制作的会计人员；有些管理先进的企业采用了"集团财务管控系统"，在采购、销售、生产等业务的处理过程中，系统自动采集业务数据，自动选择总账科目和分账科目，自动生成记账凭证，这些企业基本不需要一般的会计人员；目前，我国大力发展大数据产业，会计信息作为重要的数据来源成为大数据分析的重点。

因此，一方面，知识结构同质化严重的会计人员供过于求，另一方面，新技术和新制度的出现对会计人员岗位具有巨大的替代作用，在这两方面挤压下，会计人员的生存具有巨大挑战，同时对会计人员的能力结构提出新要求。

（3）大数据时代，财务与会计人员的能力发展。在大数据时代，会计人员需要更多地探寻如何利用大数据资源帮助企业预测或防范风险，并确保绩效和实现价值的持续增长。大数据能够让会计人员进行彻底革新，并有机会在企业中发挥更具战略性和"前瞻性"的作用。会计人员通过各种技术不断收集、储存和传递的海量数据会改变会计工作的工作重心，从数据分析和挖掘过程中向企业领导提出预测性的重要趋势，并为股东和利益相关方创造新的财富。

会计人员要实现从反映过去向预测未来发展，需要做到以下三方面的工作：首先，要制定数据评估的方法和服务，在符合法规且有效管理数据资产方面，发挥其对合规与内控方面的作用；其次，利用大数据提供更具针对性的决策支持，可以是通过实时方式，并决定何时与内部和外部利益相关方分享数据最有效，或何时将数据"兑现"为新产品；最后，利用大数据及其相关工具并不只是为了实时识别风险和提高会计服务能力，而是为了评估生产经营活动中所面临的短期和长期风险及规避。

大数据的出现将颠覆现行财务管理的理念和模式，财务管理将不再局限于传统的财务领域，而是向销售、研发、人力资源等多个领域延伸和渗透，对于与企业业务有关的一切数据的收集、处理和分析将成为财务管理的主要定位和主导任务。大数据时代的财务管理拓展了传统财务管理的领域和范围，一些原本不属于传统财务管理范畴的业务会进入大数据时代的财务管理视野。

总之，经济发展已经进入大数据时代，新的经济形态要求财务与会计人员要掌握财务数据的分析能力才能适应企业发展的需要，这就要求财务与会计专业的管理人员在学生时代就具备基本的财务分析能力，掌握相关财务分析软件的应用，并能够独立展开基本的财务分析工作和数据解读。

1.1.1.2　财务管理专业发展的方向

1999 年教育部批准设立"财务管理"专业以来，截至 2017 年，该专业已经开设 18 年。根据麦可思研究院①公布的《2016 年中国大学生就业报告》显示，本科就业率最高的专业是"财务管理"，就业率高达 95.3%，而"会计学"专业排名第 4，就业率达 92.5%，这说明财务管理专业适应了我国经济的发展，反映了企业对管理型会计人才的需求较高。

根据教育部高等教育司编制的《财务普通高等学校本科专业目录和专业介绍(2012)》中对"财务管理（210204）"专业的培养目标②和核心课程③要求，可以看出该专业定位应是会计和金融的交叉学科，学生的能力结构应侧重以决策分析为核心的管理能力。但是，财务管理专业在国内部分高校开设存在一定的差异性和问题。有些高校把该专业开设在金融学科下，课程设置偏金融；有些高校把该专业开设在会计学、工商管理学科下，课程设置偏会计；课程设置同质化严重，与金融或会计（审计）专业的课程区别不明显，特色不突出，学生能力定位不清

---

① 麦可思公司是 2006 年在成都成立，每年为 600 多所高校提供年度数据跟踪与咨询服务，是中国科协、人社部、司法部、中国社科院、世界银行等机构的合作项目单位，是《中国大学生就业报告》（即就业蓝皮书，由社会科学文献出版社每年出版）的唯一撰稿人。

② 本专业培养适应现代市场经济需要，具备人文精神、科学素养和诚信品质，具备经济、管理、法律和财务管理等方面的知识和能力，能在营利性和非营利性机构从事财务管理以及教学、科研方面工作的应用型、复合型人才。

③ 核心课程：财务会计、管理会计（含成本会计）、财务管理（公司财务或公司金融）、资本市场（金融市场）、财务分析、投资学等。

主要专业实验：财务管理模拟实验。

晰，造成这种现状的原因是各高校专业发展基础和定位不一致，师资储备和资源条件程度不同。

因此，财务管理专业要继续发展，要完善课程建设，有必要加强以财务分析及实训为代表的分析、决策类课程的教学强度、质量和水平，提高学生的数据分析和决策能力。

1.1.1.3 我国经济结构调整需要决策分析型人才

自 2013 年以来，中国经济开始进入新常态，经济增长由过去的高速增长进入中高速增长，大量的过剩产能需要化解，大量企业面临巨大的竞争和生存压力，在这一过程中，企业需要的会计人员是管理型的复合人才，需要财务人员对财务报告信息进行分析，对企业历史经营情况进行诊断，为管理层改进管理、提高效率提供决策支持；对企业成本、费用等信息进行比较分析，促进企业控制成本和费用；对企业产量、存货、应收账款等进行预测分析，合理安排产能，提高资金使用效率。

但是，目前财务人员具备以上能力的人才还很少，各高校的财务管理专业应在课程建设中提高学生应用财务分析的理论知识能力，掌握相应的财务分析软件，使人才培养适应经济发展的需要，同时也促进学生的就业能力和发展能力。

综上所述，财务管理专业（包括会计、审计类专业）的学生有必要通过强化财务分析实训，提高专业应用能力，有利于实现人才培养目标。

1.1.2 财务分析实训的实施思路

1.1.2.1 财务分析理论教学与实训教学的关系

根据国内外主要的《财务分析》教材，财务分析的理论教学主要针对公司财务报告层面的分析，内容主要包括"三表四能力"分析：三表分析即资产负债表分析、利润表分析、现金流量分析，四能力分析即偿债能力分析、盈利能力分析、营运能力分析和发展能力分析。财务分析理论主要侧重于财务分析原理的讲解，重点在于分析方法的介绍、各指标的计算和一般意义上的解读，解决财务分析"是什么"的问题。

财务分析实训的主要目的是对财务分析理论的应用和深化理解，通过选择样本公司，获取样本公司的分析资料（年报、公司背景、行业统计资料等），运用财务分析理论涉及的基本分析方法，根据样本公司的实际情况选择和设计分析方法，计算相关指标，根据计算结果解读数据的意义，对企业的投资价值或管理问题做出判断，形成相应的分析报告。通过以上财务分析的实训过程，使学生掌握财务分析的基本程序和方法，学会对数据进行解读和分析。所以，财务分析实训解决的是"怎么做"的问题。

总之，财务分析理论是基础，财务分析实训是对财务分析理论的应用和升华，使学生实现从"知识"到"经验"的转化。

1.1.2.2 财务分析实训软件的选择

（1）财务分析实训模式。目前，财务分析课程实训的开展有三种模式。

第一种是习题模式。这种模式最普遍和简单，教师设计恰当的计算题，选择合适的企业案例，要求学生根据理论教学的进度进行习题演练，达到对理论知识的记忆和理解。这种实训模式操作简单，要求实训条件较低，但是这种实训模式的弊端是不能调动学生的积极性，学生财务分析能力的提高有限，财务分析工具没有应用机会，无法解决从知识到经验的转化。

第二种是综合案例模式。这种模式在目前的财务分析教学中应用较广，教师通过分组，每个小组承担一家上市公司的分析，负责收集公司的年度报告（一般为 1 年），小组成员内部分工负责部分分析任务，最终组合成一个完整的分析报告。这种模式操作较简单，可以部分达到锻炼学生自主分析能力的目的，提高学生的财务分析能力，但这种模式的弊端是部分学生敷衍，会从网上搜索现成的计算结果；分组完成分析过程，难以克服学生"搭便车"的问题；由于工作量所限，难以进行多年度趋势分析和大样本分析，复杂分析方法得不到应用；仅是 Excel 计算功能的简单应用，没有分析工具的应用，无法掌握专业数据分析工具。

第三种是软件实训模式。这种实训模式刚开始在财务分析实训中应用，实训过程主要是在一个财务分析实训软件上实现，其操作简便，能够实现每个学生独立展开财务分析全过程，学会应用专业的财务分析软件，可以采用较复杂的财务分析方法，实训效率高，能够实现从知识到经验转化的优点，但是这种模式的弊端是实训效果好坏受制于软件设计模式、软件功能和教师设计的实训项目，选择恰当的财务分析软件尤为重要。

（2）财务分析实训软件的选择。本教材采用的财务分析实训模式是第三种模式，软件是开展财务分析实训的载体，选择的实训软件为深圳市哲睿软件有限公司开发的"企业经营分析与预测系统·教学研究版"（Business Intelligent Analysis, BIA）。选择该软件的主要原因如下：

第一，该软件是专业型财务分析软件，已经被燕京啤酒、风华高科、渤海化工等上市公司使用，被国家开发银行机电评审局、国家开发银行总行、中国银行江西省分行、中国银行天津市分行等金融机构应用，具有较广的社会应用范围，有利于学生毕业后工作的适用性。

第二，该软件作为教学和科研兼具的软件，已经被浙江大学、武汉大学、上海财经大学、中央财经大学、山东大学等近200所高校采购并应用，客户群体较多，软件后续更新和服务持续性较好。

第三，该软件功能较多，涵盖课堂教学的基本财务分析方法和指标，但不是课堂教学内容的简单再现，强调根据公司财务报告的实际情况进行针对性分析，同时紧跟学术前沿，包含一些较复杂的模型和分析方法，能完成高级的财务建模和分析，对本科生来说具有一定的难度，能够激发学生在理论学习的基础上，进一步自主提升财务分析的能力。

但是，使用 BIA 作为财务分析实训的平台，存在的问题是没有成熟的实训应用模式，需要教师根据理论教学和学生特点进行实训模式和实训项目的设计，本书就是这方面的探索。

1.1.2.3 财务分析实训的实施框架

根据财务分析理论教学的内容，结合财经类专业学生的专业基础，财务分析实训教学的实施框架如图 1-2 所示。

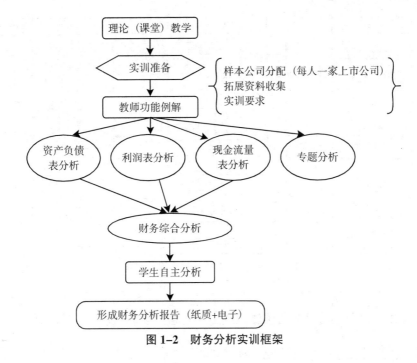

图 1-2 财务分析实训框架

1.2 财务分析实训软件

1.2.1 软件功能

1.2.1.1 BIA 系统结构

BIA 是基于上市公司财务数据库基础上，通过对企业经营数据进行整合，将即时查询、财务报表分析、企业经营预测、经营建模、价值投资、风险分析与预警、自定义分析等多种功能融为一体的智能性分析与预测平台，其系统结构如图 1-3 所示。

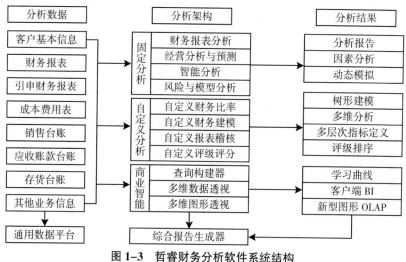

图1-3 哲睿财务分析软件系统结构

1.2.1.2 企业经营分析与预测系统主要包含的功能模块

（1）财务报表分析。包括报表转换与数据维护、多功能比较分析、结构财务报表、财务比率数据表、合成现金流量表比较、财务构成图、财务指标比较。

（2）经营分析与预测。包括财务指标趋势分析、相关因素建模（含10多种多元或非线性相关回归分析、多对多回归分析）、应收账款分析、利润模型分析、概率盈亏分析、成本费用分析、现金流量分析、杜邦财务体系分析（包括传统杜邦财务分析、修正杜邦财务分析）、可持续发展分析（包括范霍恩模型与资金链分析、希金斯分析与财务战略分析）、企业竞争力分析（包括波士顿矩阵）、经济增加值EVA分析、经营协调分析、流动性与经营效率评价、现金管理与分析（包括鲍默和米勒模型）、财务报表预测与预算、盈余质量分析（包括琼斯模型、K-S等模型）、资本结构分析（包括M&M模型、Miiler模型、滨田公式）。

（3）评价模型。包括阿塔曼Z值模型、切斯尔模型、骆驼评级模型、沃斯顿价值模型、卡普兰—厄威茨模型、沃尔信用能力模型、拉巴波特价值模型等。

（4）智能分析。包括灰色分析（包括灰关联分析、灰色GM模型）、评级评分平台、平衡计分卡分析、主成分分析、因子分析、熵值分析、行业引力分析、状态空间分析（包括马尔可夫分析、温特斯分析）、可拓集合分析。

（5）风险预警监控。包括综合经济指数分析、财务指标预警雷达图、行业、企业关联度分析、定量风险分析等。

（6）自定义分析。包括自定义合成现金流量表、自定义财务比率指标、自定义财务报表稽核、生成维护当期报表、自定义管理资产负债表、财务模型建模、综合查询平台、查询构建工具。

（7）系统管理。包括图像背景设置、客户基本信息维护、功能权限设置、参数维护、业务数据维护、销售客户分析、指标规则制定。

（8）财务数据。财务数据包含上市公司财务报表数据库（资产负债表、损益表、现金流量表）、合成现金流量表、财务比率表、结构资产负债表、结构损益表、当期损益表、当期现金流量表、预测资产负债表、预测损益表、预测现金流量表、预测财务比率表、预测结构资产负债表、当期财务比率表、当期合成现金流量表、综合指数表、管理资产负债表、交易数据表、股权薪酬数据表、阿塔曼分析、主营业务产品构成、主营业务地区构成、主营业务行业构成、存货明细表、银行资产负债表、银行损益表、银行现金流量表、融资分红数据表、操纵性利润数据库等。

1.2.2　软件系统登录

BIA 软件需要先安装数据库，再安装分析软件，安装过程具有一定的专业性，本书的使用对象主要是财会类专业的学生和从业人员，所以，涉及软件的安装与维护不予介绍，请参考相关产品说明书或求助软件厂商。

点击软件启动图标，进入软件登录窗口，如图 1-4 所示。

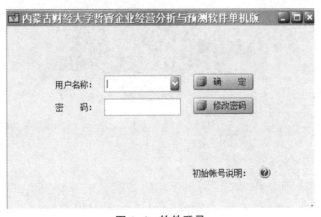

图 1-4　软件登录

BIA 的系统操作员有三类：系统维护组、教师组和学生组，点击图 1-4 中"初始账号说明"旁边的小问号，弹出如图 1-5 所示对话框。

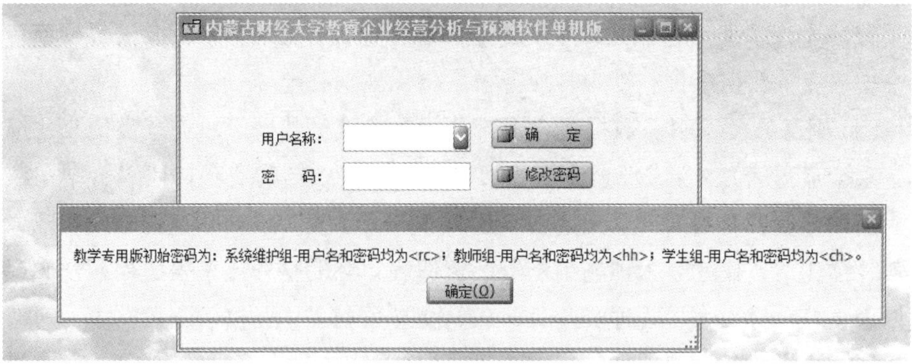

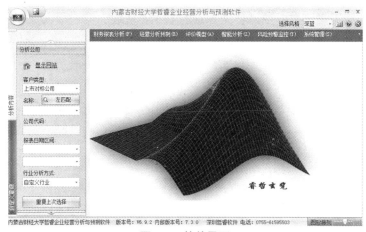

图 1-5　登录用户名与密码

从图 1-5 可以发现，系统维护组的用户名称和密码都为 rc；教师组的用户名称和密码都为 hh；学生组的用户名称和密码都为 ch。

在用户名称和密码位置输入相应名称和密码，即可登录进入软件系统，如图 1-6 所示。

图 1-6　软件界面

三种类型用户的操作界面一样，但相应菜单下的功能不同，学生组在"自定义分析"和"系统管理"方面的功能少一些，其他基本一样。

‖第2章‖
财务分析基本方法

2.1 实训目的

主要为加强和提高学生对财务分析方法的理解能力和运用能力；巩固所学的基础理论知识和分析方法，能熟练运用各种专门方法对财务分析信息指标以及会计报表质量进行分析，正确评价目标公司财务状况、经营成果以及现金流运转情况，培养学生发现问题、分析问题、解决问题的综合业务能力。在此特别强调，本章所教授的具体方法，在后面具体章节中都有实训演习。

2.2 背景知识

财务报告形成过程是将企业经营活动汇集起来，向外披露企业财务状况、经营成果和现金流量变化的过程。企业财务信息，尤其是以财务报告的形式进行披露的财务信息，如果不进行深入、细致的理解和分析，往往只是在阅读和浏览后获得一个总体印象，不能得出具体结论。财务分析的根本目标就是充分利用财务报表及其分析所揭示的信息，使之成为企业决策的重要依据。为了实现财务分析目标，必须采用一定的专门方法对其进行分析。因此，按照财务分析的程序和步骤，运用正确的财务分析方法，对企业财务信息进行分析研究，对于企业各利益相关者而言，具有极其重要的意义。换言之，财务分析，就是将企业财务报告生成的信息，按照一定的规律和程序，采用专门的科学方法进行有效的分析和研究的过程，旨在为信息使用者提供对决策有用的预测和推断。

2.3 财务分析基本方法

财务分析方法是实现财务分析目的的方法和手段。这里所指的财务分析基本方法是为了发挥其评价、预测、发展和协调功能时经常使用的具有普遍适用性的方法。为了服务市场经济环境中企业相关利益者经济决策的需要，现代财务分析体系应该具备全面评价、科学预测、持续发展、合理协调四大基本功能。评价功能是指在及时考核财务指标实现的情况下，正确评估财务能力的大小、对财务状况及其影响因素进行说明的功能等。预测功能是指在进行总结和评价的同时，揭示财务能力指标变化前景的功能。发展功能是指通过诸因素变动对财务能力指标的影响，把未被挖掘出来的潜力当作提高工作效率和增强财务能力的机会。协调功能是指通过一定的分析方法综合地研究各项财务经济指标之间及其影响因素之间的关系，适当地调整它们的比例关系，使之协调配合以达到最佳状态。评价、预测、发展和协调四大基本功能是构造财务分析体系的基本目标。财务分析的过程不仅是运用各种分析方法相对静止地反映矛盾、揭示问题的过程，而且还是运用各种分析方法能动地处理问题、解决问题的过程。可以说，评价功能与预测功能是财务分析的静态功能，而发展功能和协调功能是财务分析的动态功能。传统的财务分析方法如因素分析方法等体现了评价功能，而现代财务分析方法如考虑到资金时间价值的现金流量方法、数学函数分析等方法则体现了预测、发展和协调功能。

财务分析方法体系一直在发展，根据财务分析目标和标准的不同要求，在实际业务操作中，最常用的基本方法主要有水平分析方法、垂直分析方法、比率分析方法、趋势分析方法、图形分析方法、因素分析方法和现金流量分析方法等基本财务分析方法。

2.3.1 水平分析法（比较分析方法）

水平分析方法是指将反映企业分析期财务状况的信息（特别指财务报表信息资料）与反映企业前期或历史某一时期财务状况的信息进行横向对比，研究企业各项经营业绩或财务状况变动的一种财务分析方法，是最简单和最基本的一种分析方法。水平分析法中所指的对比，不是通常意义上单一指标的比较，而是对反映企业某一方面情况的财务报表的全面、综合对比分析，尤其在财务报表分析中应用较多，因此，通常也将水平分析方法称为财务报表分析方法，也称为对比或者比较分析方法。其要点是将报表资料中不同时期的同项数据进行比较，主要有绝对值增减变动量、增减变动率以及完成百分比率值三种方式。其中：

绝对值增减变动量＝分析期某项指标的实际数－指标的标的值

增减变动率（%）＝绝对值增减变动量÷指标的标的值

完成百分比率值＝分析期某项指标实际数据÷指标的标的值

水平分析方法通过企业分析期财务状况与前期比较，揭示各方面存在的问题，为更进一步分析奠定了基础。

[例 2-1]　现以獐子岛集团股份有限公司 2015 年和 2014 年的资产负债表的有关数据编制其资产负债水平分析表，如表 2-1 所示。

表 2-1　獐子岛集团公司资产负债表水平分析表

单位：万元

项目	2015 年	2014 年	变动情况		对总资产的影响（%）
			变动额	变动率（%）	
流动资产合计	262,112.00	272,775.00	−10,663.00	−3.91	−2.19
非流动资产合计	186,426.00	215,049.00	−28,623.00	−13.31	−5.87
资产总计	448,539.00	487,824.00	−39,285.00	−8.05	−8.05
流动负债合计	232,966.00	299,541.00	−66,575.00	−22.23	−13.65
非流动负债合计	124,754.00	72,627.20	52,126.80	71.77	10.69
负债合计	357,720.00	372,169.00	−14,449.00	−3.88	−2.96
所有者权益合计	90,818.60	115,656.00	−24,837.40	−21.48	−5.09
负债和所有者权益总计	448,539.00	487,824.00	−39,285.00	−8.05	−8.05

通过表 2-1，根据 2015 年和 2014 年资产负债表主要指标对比，发现獐子岛集团公司总权益较前年有所下降，数值为 8.05%，其主要原因就是资产方面由于非流动资产的减少；资金来源方面主要是流动负债和所有者权益双重影响所致，尽管非流动负债在 2015 年有了 71.77% 的增幅。具体原因要结合该公司实际情况来分析，见第 3 章资产负债表具体分析。在实际工作中，水平分析方法也可用于

可比性较高的同类企业的对比分析，以找出企业间存在的差距。但是，一定要注意可比性，考虑比较基础和计算口径等。

运用水平分析法时，还应该注重比较基准的掌握。在一般情况下，比较基准主要包括历史基准、行业基准、经验基准和目标基准等。①历史基准是指企业在过去某一阶段的实际值；历史基准是本企业在时间序列上的实际数值，所以可比性较强；通过这种比较，可以分析企业自身财务状况和经营成果等的变动情况，明确本企业经营得失。②行业基准是指行业内所有企业某一相同财务指标的平均水平，或者是较优水平。通过这种比较，可以说明一个企业在本行业竞争中所处的地位。③经验基准是指依据大量的、长期的日常观察和实践所形成的基准，一般没有理论支撑，只是简单地根据事实现象归纳的结果。例如，西方国家在 20 世纪 70 年代的财务分析中认为恰当的流动比率为 2∶1，速动比率为 1∶1。通过这种比较，可以说明企业与经验标准的差距。但是，任何经验标准都不是一成不变的，也不是适用于任何行业的，随着经济环境的改变和技术改革，经验标准也会随之变化。④目标基准是财务分析人员综合历史财务数据和现实经济状况预测出的理想目标。在财务分析中，一般使用财务预算作为目标基准。通过这种比较，可以了解预算的完成情况，为进一步分析和寻找企业潜力指明了方向。在综合了各种比较基准的情况下，国务院国有资产管理委员会统计评价局制定了企业绩效评价标准值。表 2-2 提供的是 2015 年国务院国有资产监督管理委员会统计评价局制定的《全国国有企业绩效评价标准值（2015）》，可作为进行相关财务分析时采用的对比基数。

通过阅读表 2-2 中数据，有利于阅读者知晓目前企业绩效评价的主要指标，全面了解全国国有企业主要经济指标评估标准值中优秀、良好、平均、较低、较差的分布情况，做到对比有据、胸中有数。

表 2-2　2015 年全国国有企业绩效评价标准值（全行业）

项目	优秀值	良好值	平均值	较低值	较差值
一、盈利能力状况					
净资产收益率（%）	10.4	8	5	0.5	-10.2
总资产报酬率（%）	7.7	5.7	3.8	0.4	-6.4
销售（营业）利润率（%）	20.7	13.7	8.5	1.3	-6

续表

项目	优秀值	良好值	平均值	较低值	较差值
盈余现金保障倍数	10.6	4.9	0.7	−1.5	−4.3
成本费用利润率（%）	10.6	7.3	3.9	0.4	−6
资本收益率（%）	11.6	8.3	5.5	0.7	−6.5
二、资产质量状况					
总资产周转率（次）	1.6	1	0.5	0.3	0.1
应收账款周转率（次）	21.7	12.3	7.8	3.5	1.4
不良资产比率（%）	0.2	0.8	2.5	5.4	13
流动资产周转率（次）	2.8	1.7	1.3	0.8	0.4
资产现金回收率（%）	20.7	9	2.9	−3.5	−9.9
三、债务风险状况					
资产负债率（%）	50	55	65	75	90
已获利息倍数	5.1	3.7	2.4	0.1	−2.5
速动比率（%）	134.9	98.2	75	57.6	36.7
现金流动负债比率（%）	23.8	17	7.5	−6.2	−12.8
带息负债比率（%）	23.4	34.9	50	69.3	82.3
或有负债比率（%）	0.1	1.5	4.8	11.4	17.6
四、经营增长状况					
销售（营业）增长率（%）	16.2	9.1	4.3	−8.8	−20.6
资本保值增值率（%）	111.3	106.8	104	100.1	88.9
销售（营业）利润增长率（%）	15.1	8.2	3.1	−10.3	−19.4
总资产增长率（%）	17.3	13.8	8.5	−5.2	−13.7
技术投入比率（%）	3.5	2.5	2	1.7	0.7
五、补充资料					
存货周转率（次）	17.7	11.2	4.5	1.9	0.5
两金占流动资产比重（%）	26.6	41.9	55.2	66.1	76.2
成本费用占主营业务收入比重（%）	88.6	92.6	96.5	99.1	102
经济增加值率（%）	8.7	4	0.3	−4	−10
EBITDA 率（%）	23.8	13.2	5.9	−1	−4
资本积累率（%）	32.4	18	8.7	−4.2	−15.3

资料来源：国务院国资委财务监督与考核评价局制定。

2.3.2 垂直分析法（结构分析法）

垂直分析方法又称结构分析法、纵向分析法或共同比报表分析法。它是以财务报表中的某个财务指标作为总体指标，计算其各个组成项目占该总体指标的百分比，分析比较各个项目百分比的增减变动，揭示各个项目的相对地位和总体结构关系，判断有关财务活动的变化趋势。垂直分析方法完全以百分比表达，将总体指标确定为 100%。如在垂直分析资产负债表中，一般将资产总额确定为100%。而资产的各组成部分则被表示为占资产总额的百分比。垂直分析法的一般步骤如下：

第一，确定报表中各个项目的比重，分析其在企业经营中的重要性。一般项目比重较大，说明其重要程度较高，对总体的影响程度较大。其计算公式：某项目比重=该项目金额÷各项目总金额×100%。

第二，将各个项目占总体比重的变化进行比较，分析研究该项目占总体的变动趋势以及企业经营活动趋势等。

[例2-2] 现以獐子岛集团公司 2014 年和 2015 年的资产负债表的有关数据编制资产负债表垂直分析表，如表 2-3 所示。

表 2-3　獐子岛集团公司资产负债表垂直分析简表金额

单位：万元

项目	2015 年末余额		2014 年初余额		结构差异（%）
	金额	构成（%）	金额	构成（%）	
流动资产合计	262,112.00	58.44	272,775.00	55.92	2.52
非流动资产合计	186,426.00	41.56	215,049.00	44.08	-2.52
资产总计	448,539.00	100.00	487,824.00	100.00	0.00
流动负债合计	232,966.00	51.94	299,541.00	61.40	-9.46
非流动负债合计	124,754.00	27.81	72,627.20	14.89	12.96
负债合计	357,720.00	79.75	372,169.00	76.29	3.46
所有者权益合计	90,818.60	20.25	115,656.00	23.71	-3.46
负债和所有者权益总计	448,539.00	100.00	487,824.00	100.00	0.00

根据表 2-3 可以看到，獐子岛集团公司 2014 年与 2015 年资产内部结构变化不大，负债变化稍微大于资产，尽管负债和所有者权益内部由于流动负债 2015 年较 2014 年在总体结构中降低 9.46%，但非流动负债却上升 12.96%，使得负债总体构成增长 3.46%。总体来看，应结合企业战略和风险等因素具体分析，届时必须编制结构财务报表。在结构财务报表中，有反映各项财务指标分别占本类别的比率和占总类别的比率，主要有结构资产负债表、结构损益表和结构现金流量表等。

2.3.3　趋势分析法

趋势分析法又称动态分析法。它是根据企业连续几年或几个不同时期的相同指标分析资料，运用指数或完成率的计算，确定分析期有关项目的变动情况和趋势的一种财务分析方法。当分析期超过三期，水平分析法就开始变得复杂，于是产生了指数趋势分析法的需要，因此有人称趋势分析法为水平分析法的特例。趋势分析法能够将不同时期财务报表中的主要相同指标进行比较，直接观察其比率变动幅度，考察有关财务指标的发展趋势，预测企业发展前景。对不同时期的财务指标进行对比，可以通过计算动态比率指标进行，如销售收入增长百分比、净利润增长百分比等。动态比率按照基期数的不同有两种：一种是定基动态比率，另一种是环比动态比率。定基动态比率，也称指数趋势分析法，是以某一时期的数额为固定的基期数额而计算出来的动态比率。环比动态比率，是以每一分析期的前期数额为基数数额而计算出来的动态比率。其基本公式如下：

定基动态比率 = 分析期数额 ÷ 固定基期数额

环比动态比率 = 分析期数额 ÷ 前期数额

趋势分析法通常采用定基动态比率分析。下面举例说明趋势分析法的应用。

[例 2-3] 獐子岛集团公司 2011~2015 年的销售收入状况表（简表），见表 2-4。

表 2-4　獐子岛集团公司 2011~2015 年销售收入状况表

单位：万元

项目	2011 年	2012 年	2013 年	2014 年	2015 年
营业收入	293,741.00	260,828.00	262,086.00	266,221.00	272,678.00

根据表 2-4 编制出定基动态比率分析表,见表 2-5。

表 2-5　定基动态比率分析表

单位:%

项目	2011 年	2012 年	2013 年	2014 年	2015 年
营业收入	100	88.80	89.22	90.63	92.83

同样,根据表 2-4 的资料,编制出环比动态比率分析表,见表 2-6。

表 2-6　环比动态比率分析表

单位:%

项目	2011 年	2012 年	2013 年	2014 年	2015 年
营业收入	100	88.80	100.78	101.58	102.43

从定基动态比率分析表 2-5 可以看出,从 2011 年到 2015 年,该集团公司的营业收入降低了 7.17%,具体原因应该具体分析,营业收入受若干因素影响,每一影响因素都成为定基分析因素。从环比动态比率分析表 2-6 可以看出,从 2011 年开始,除 2012 年外,所有年份每一年的环比增长都大于 100%,但是,各年的环比指标也不尽相同。但增幅在 2012 年后呈上升趋势,也在后面章节有所展开分析。

值得注意的是,趋势百分比是用来表示数据在不同时期的百分比关系的,虽然有助于某项趋势的判断,但是任何一项百分比的增减未必表示有利或不利,因为任何单项百分比都无法提供充分的资讯,必须结合相关资料综合分析才能显示分析价值。如会计政策、物价水平等的变化可能导致不同时期财务资料失去可比性。

在实际工作中,可以进行多功能比较,它既可以将一个客户的多期财务指标进行环比和定比;也可以将不同企业的不同财务指标进行环比和定比;还可以将不同企业的指标值和不同行业的平均值进行对比。这种对比包括了绝对比较和相对比较两种。

2.3.4　比率分析法

比率分析法是通过计算财务指标比率,来确定财务活动变动程度的一种分析方法。它利用财务报表中两项相关数值的比率来揭示企业的财务状况和经营成果。比率是一种相对数，采用这种方法，要把分析对比的数值变成相对数，计算出各种比率指标，然后进行比较，从确定的比率差异中发现问题。由于该种方法具有一定的融合性，有着广泛的使用价值，尤其是可以将在某些条件下的不可比指标变为可比指标进行比较，因此是财务分析中最常用的一种方法。

2.3.4.1　比率分析法的种类

根据分析的目的和要求的不同，比率分析主要有以下三种：

（1）构成比率。构成比率又称结构比率，是某项财务指标的各个组成部分与总体的比率，反映部分与总体的关系。如流动资产占总资产的比率、流动负债占总负债的比率等。它通常反映财务报表的纵向关系。其计算公式为：

构成比率 = 某个组成部分数额/总体数额

利用构成比率，可以考察总体中某个部分的形成和安排是否合理，以便协调各项财务活动。

（2）效率比率。效率比率是某项经济活动中所费与所得的比率，反映投入与产出、耗费与收入的比例关系。如成本费用与产品销售收入的比率、利润与资产的比率以及销售收入与资产总额的比率等指标。利用效率比率可以对企业进行得失比较，考察企业经营成果，评价企业经济效益水平。

（3）相关比率。相关比率是根据经济活动客观存在的相互依存、相互联系的关系，以某个项目和与其有关但又不同的项目加以对比所得的比率，反映有关经济活动的相互关系。如流动比率、权益乘数、已获利息保障倍数等指标。利用相关比率指标，可以考察企业有联系的相关指标之间的安排是否合理，能否保障企业生产经营正常进行。

2.3.4.2　比率分析法的优点

比率分析法的优点是计算简便，计算结果容易判断，而且可以使某些指标在不同规模的企业之间进行比较，甚至也能在一定程度上超越行业间的差别进行比较。但采用这一方法时对比率指标的使用应注意以下几点：

（1）对比项目的相关性。计算比率的子项和母项必须具有相关性，把不相关的项目进行对比是没有意义的。

（2）对比口径的一致性。计算比率的子项和母项必须在计算时间、范围等方面保持口径一致。

（3）衡量标准的科学性。运用比率分析，需要选用一定的标准与之对比，以便对企业的财务状况做出评价。通常而言，科学合理的对比标准有预定目标、历史标准、行业标准、公认标准。比率方法和前面介绍的水平和垂直方法有一定的关联，如在将财务指标变为相对数后进行横向对比，属于水平比较方法的原理；同时又与垂直方法有一定的相似性，如将某总体指标中的构成比率进行比较分析。

2.3.5　现金流量分析法

所谓现金流量分析法就是把一定时期内经营过程中所产生的现金流入和现金流出的方向、数量、时间等因素结合起来，进一步考察其各个时间段的净现金流量（现金流入量与现金流出量之差）。在财务分析中，现金流量分析法一般是在多个可行性方案中选择净现金流量最大的方案为最优方案。如在短期偿债能力分析中，当净现金流量大于0时，说明企业基本能保证短期债务的及时偿付；当净现金流量小于0时，说明不能保证某项债务或某些债务的及时偿付。又如在长期偿债能力分析中，如果长期投资过程中所产生的现金流入量大于其现金流出量，则表明该项投资基本上能保证长期债务的及时偿付，同时也说明该项投资具有可行性；若情况相反，则结论亦相反。

在财务分析中，必须充分了解现金流量的时间价值。现金流量的时间价值是指因现金流量发生的时间不同而使现金流量所具有的不同价值。如现值是指未来某一时期一定数额的货币折合成现在的价值。运用现值概念可以通过净现值法开展现金流量的时间价值分析。净现值是按未来现金流量的现值减去初始投资现金流量折现值之差。净现值也可理解为是从投资项目开始直到项目寿命终结的所有现金流量的现值的代数和。净现值法便是通过比较各方案净现值的大小而选择最优可行性方案的一种方法。净现值大于0的方案一般为可行性方案，而在多个可行性方案中，净现值最大者为最优方案。

把现金流量分析运用于财务分析工作中，具有明显的理论意义和实践意义。

2.3.5.1　现金流量分析法的理论意义

（1）现金流量分析法与上述其他基本方法一样，既是一个可以单独操作的具体方法，同时又是一种基础性较强的分析方法类型。

（2）利用现金流量分析法可以更科学地考核企业的财务能力，特别是企业的盈利能力。以往，我们单纯地以各种利润为指标来反映企业的盈利水平，其真实性颇值得怀疑，因利润额高低要受会计核算程度的影响（如存货结转、折旧计算、费用摊配等方法的变化）。权责发生制的运用使当期利润额并不能代表企业当期实际可以动用的财力，加之人为因素的干扰也会直接或间接影响利润额的大小。

（3）利用现金流量分析法有助于协调盈利能力与偿债能力之间的矛盾关系。现金流量分析区分现金流入和现金流出两个方面，展开现金流量分析，可以适当地调整二者的方向、数量和时间，有助于科学调度财务资金的收支活动，既可以增加企业盈利能力，又可以提高企业偿债能力。

2.3.5.2 现金流量分析法的实践意义

把现金流量分析引入各种财务投资决策过程中，一方面能够预测投资效益，另一方面能够预先把偿债风险降到最低限度，从而把两大财务能力之间的矛盾消除在萌芽状态之中。与此同时，净现值分析法、内含报酬率分析法也得到了重视和广泛采用，使整个财务分析方法体系增强了活力和生机。

[**例 2-4**] 假设獐子岛集团公司某项目投资总额 20 万元，投产后年收益额为 10 万元，建成投产后有效使用期 5 年。若按照甲方案施工，每年投资 10 万元，建设期为 2 年。若按照乙方案施工，当年投资 20 万元，建设期 1 年。用净现值比较两个方案优劣如下：

净现值 = 收益额现值 - 投资额现值

采用净现值分析法，不仅要考虑当前投资所用资金的现值，还需要考虑不同时期建成投产以后的收益额现值。在按照一定利率把投资额和收益额折算成现值后，再将收益额现值减去投资额现值，其差额称为净现值，以此作为评价投资效果的指标。净现值为正数时体现投资效果，其值越大，效果越好。这种方法可以用于评价投资项目的实际效果与预算指标的差异，也可以用于选择不同的投资方案。

若已知年利率为 6%，则可计算甲、乙两方案的净现值如下：

甲方案：

投资额现值 $= 10 \div (1 + 6\%)^2 + 10 \div (1 + 6\%) = 8.90 + 9.43 = 18.33$（万元）

收益额现值 $= 10 \div (1 + 6\%)^7 + 10 \div (1 + 6\%)^6 + 10 \div (1 + 6\%)^5 + 10 \div (1 + 6\%)^4 + 10 \div (1 + 6\%)^3 = 6.65 + 7.05 + 7.47 + 7.92 + 8.40 = 37.49$ （万元）

净现值 = 37.49 − 18.33 = 19.16（万元）

乙方案：

投资额现值 = 20 ÷ (1 + 6%) = 18.86（万元）

收益额现值 = $10 ÷ (1 + 6\%)^6 + 10 ÷ (1 + 6\%)^5 + 10 ÷ (1 + 6\%)^4 + 10 ÷ (1 + 6\%)^3 +$
$10 ÷ (1 + 6\%)^2 = 7.05 + 7.47 + 7.92 + 8.40 + 8.90 = 39.74$（万元）

　　乙方案的净现值大于甲方案的净现值，体现了施工进度快、建设工期短、投产日期早的优越性，故应采用乙方案。可见，净现值分析法能全面反映不同方案在投资总额和预计收益水平相同的条件下，由于建设有快慢、投资使用有迟早、收益实现有先后，因而投资效果有差异。

2.3.6　图形分析法

　　图形分析法是指将企业的相关财务指标以某一图形揭示出来，以说明经营、财务状况变化的一种分析方法。图形分析法是近年来财务分析方法中经常应用的方法之一，尽管它不是独立的方法，但由于图形可将多项指标多形式地在图形上直观地显示出来，具有直观、形象的特征，因此此法越来越引起人们的重视。例如，量本利分析中的盈亏平衡图，反映上市公司股票行情波动的 K 线图等。水平对比分析法、结构分析法、趋势分析法、因素分析法及综合分析法等都可用图解分析法来表达。

　　一般在编制比较报表进行分析的同时，可以采用绘制图形的方法。绘制图形表示趋势分析是将连续各期某指标数据在坐标图上描点连线，形成折线图，也可以用柱形图分析，形象直观地反映财务指标的变化趋势；绘制图形还可以用饼形图等进行结构分析，其形式多种多样。下面是几种常用图形：柱形图图 2-1 是某企业前后两年的资产、收入和利润对比分析图；饼形图图 2-2 和图 2-3 反映了某企业的资产结构和权益结构情况；折线图图 2-4 是用来分析某企业利润额、每股收益和每股股息的变动趋势情况的。

　　图 2-1 可直观地反映本年度资产、收入、利润与上年对比的情况。可见，企业在本年总资产和收入都比上年增长的情况下，利润却有所下降。说明企业规模虽有增长，但效益或盈利能力却明显下降。

　　图 2-2 反映了该企业总资产中流动资产占 60%，长期资产占 40%。

　　图 2-3 说明该企业总权益中有 60% 是负债，而其中 30% 是流动负债，所有

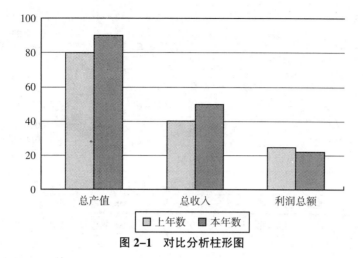

图 2-1 对比分析柱形图

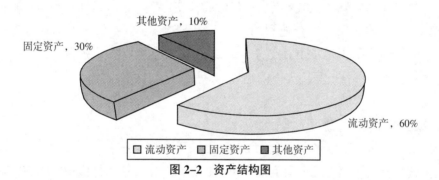

图 2-2 资产结构图

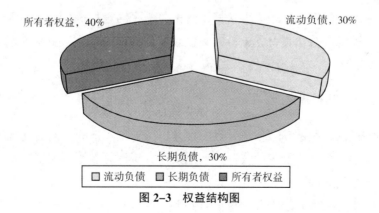

图 2-3 权益结构图

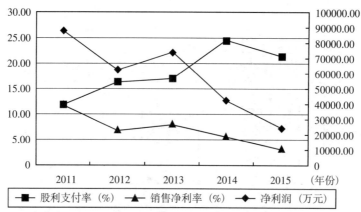

图 2-4   内蒙古鄂尔多斯资源集团股利支付率、销售净利率和净利润折线趋势

者权益仅占 40%。

从图 2-4 的内蒙古鄂尔多斯资源集团股利支付率、销售净利率和净利润折线趋势图可以看出：第一，企业利润经历了从下降到缓升再快速下降的过程；第二，股利支付率呈现逐步上升趋势，到 2014 年才有所收敛趋势；第三，销售净利率也与净利润一样，呈逐年下降趋势。

2.3.7   因素分析法

因素分析法是用来确定几个相互联系的因素对拟分析指标影响方向和影响程度的一种分析方法。采用这种方法的出发点在于，当有若干因素对拟分析指标发生影响作用时，假定其他各个因素都无变化，顺序确定每一个因素单独变化所产生的影响。因素分析法是财务分析方法中最重要的方法之一，主要有连环替代法和差额计算方法。

2.3.7.1   连环替代法

连环替代法又称连锁替代法，是因素分析法的基本形式，它是在确定分析对象差异的基础上，利用顺序替代各影响因素并分析计算各影响因素影响度和方向的财务分析专门方法。

（1）该方法一般可以分为以下五个步骤：

第一步，确定分析对象。将分析指标与选择的基准指标进行比较，求出差异额即为分析对象。

第二步，确定影响因素。通常运用指标分解方法将分析指标进行分解，即确定分析指标与其影响因素之间的数量关系，建立函数关系式。

第三步，连环替代。此步骤即按照一定顺序依次替换各个因素变量，并计算出替代结果。

第四步，因素分析。该步骤就是确定各因素对分析指标的影响程度，即将每次替代所计算结果与这一因素被替代前的结果进行对比，二者的差异就是替代因素对分析对象的影响度。

第五步，检验分析结果。检验分析结果是将各因素对分析指标的影响额相加，其代数和应该等于分析对象。如果二者相等，说明分析结果可能是正确的；如果二者不相等，则说明分析结果肯定是错误的。

连环替代法的程序和步骤是紧密相连、缺一不可的，尤其是前四个步骤，任何一个步骤出现差错，都会出现错误的结果。

假定某财务指标 P 由 a、b、c 三个因素的乘积构成，其基准指标与实际指标的各自关系式如下：

基准指标：$P_0 = a_0 \cdot b_0 \cdot c_0$

实际指标：$P_1 = a_1 \cdot b_1 \cdot c_1$

第一步骤，确定分析对象：增减额 = 实际指标 - 基准指标 = $\Delta P = P_1 - P_0$。

第二步骤，建立基准函数关系式：$P_0 = a_0 \cdot b_0 \cdot c_0$。

第三步骤，连环替代。将基准指标中的所有影响因素依次用实际指标进行替代，其过程如下：第一替换，$a_1 \cdot b_0 \cdot c_0$；第二替换，$a_1 \cdot b_1 \cdot c_0$；第三替换，$a_1 \cdot b_1 \cdot c_1$。

第四步骤，因素分析。用第一替换结果与基准指标值相减，得出指标 a 的变动对分析指标 P 的影响度。依次类推，最终计算出每一影响因素的影响度。

第五步骤，检验分析结果。将以上各个因素影响度加以综合，其结果等于实际值与基准值的差异数，即分析对象 ΔP 值。

[例 2-5] 獐子岛集团公司某一下属公司 2014 年和 2015 年有关甲产品的原材料消耗情况如表 2-7 所示。

表 2-7 A 产品原材料成本资料

项目	产品产量（件）	单位产品消耗量（公斤）	材料单价（元）	材料成本总额（元）
预算数	1 500	32	18	864,000
实际数	1 600	30	21	1,008,000
差异数	100	-2	3	144,000

（1）确定分析对象：实际数－预算数＝1,008,000－864,000＝144,000（元）

（2）建立分析对象与影响因素之间的函数关系式：

材料成本总额＝产品产量×单位产品消耗量

材料成本预算数＝1,500×32×18＝864,000（元）

（3）连环替代。

第一替换：1,600×32×18＝921,600（元）——————①产量变动的影响

第二替换：1,600×30×18＝864,000（元）——————②单位产品消耗量的影响

第三替换：1,600×30×21＝1,008,000（元）——————③材料单价的影响

（4）因素分析。

用第一替换①与预算数相减，计算出由于产品产量变动对材料费用总额的影响度：1,600×32×18－1,500×32×18＝57,600（元），说明产品产量的增加使原材料费用总额增加57,600元；

用第二替换②与第一替换①相减，计算出由于单位产品消耗量变动对材料费用总额的影响度：1,600×30×18－1,600×32×18＝－57,600（元），说明单位产品消耗量下降使原材料费用总额下降57,600元；

用第三替换③与第二替换②相减，计算出由于材料单价变动对材料费用总额的影响度：1,600×30×21－1,600×30×18＝144,000（元），说明材料单价上升使原材料费用总额增加144,000元。

这里，产品产量增加导致原材料成本总额增加属于正常现象；单位产品消耗量下降使原材料成本总额下降是利好消息，说明企业要么进行了技术革新和改造，要么在节能减排等方面有了突破；材料单价的上升属于不利因素，但企业应该客观分析原因，如果在物价上升的市场供求关系下，材料单价上升也属于非企业因素导致的客观"正常现象"，否则，应该找出原因，尽量控制价格上升因素带来的不利影响；另外，可以使用替代材料的，尽量就近采购替代。

（5）检验分析结果。将以上产量、单耗及单价因素影响度加以综合，其结果等于实际值与预算值的差异数，即分析对象值。上述三个因素共同影响值=-57,600+57,600+144,000元，与分析对象（实际数－预算数）=1,008,000－864,000=144,000（元）相吻合，说明分析结果可能是正确的。

（2）运用连环替代法必须注意的问题。

第一，因素分解的关联性。运用连环替代法的关键是建立经济指标与各因素

之间的关系，而且只有是乘积关系的数学表达式运用连环替代法才更有效，如果是代数或者其他形式的数学表达式，则尽可能通过引入指标将其转化为乘积形式的数学表达式，再用连环替代法进行分析。

确定各经济指标因素必须在客观上存在因果关系，经济指标体系的组成因素，要能够反映形成该项指标差异的内在构成原因，只有将相关因素与分析对象建立关系时才有意义，否则就失去了其存在的价值，不仅分析无法进行，即便有了分析结果，也不能对生产经营活动起到指导作用。从另一角度而言，经济意义上的因素分解与数学意义上的因素分解不同，不是在数学算式上相等就可以，而是要具有一定的经济意义。如上述影响材料费用总额的因素可以分解为下面两个等式：

材料成本总额＝产品产量×单位产品材料费用

材料成本总额＝工人人数×每人消耗材料费用

但是从经济意义上讲，只有前一个因素分解式有实际意义，材料费用总额与产品产量和单位产品所消耗的材料费用有着因果必然联系。后一个因素分解式之所以成立，是确实因为每一工人如果消耗的材料费用越多，材料费用总额也就越多，工人人数越多，材料费用也就越多，但是，却没有分析经济意义，究竟工人消耗的材料费用多还是少对企业有利，单纯从公式中无法看出；工人人数少还是多为好，也不能单独下结论。

第二，因素分析的顺序性。因素分析法不仅因素确定要准确，而且因素排列顺序也不能随意交换。

如例 2-5 所示，先计算产量因素变动的影响值，改为先计算消耗量变动的影响值，就有：

第一替换：$1,500 \times 30 \times 18 = 810,000$（元）————————①单耗变动的影响

第二替换：$1,600 \times 30 \times 18 = 864,000$（元）————————②单位产品消耗量的影响

第三替换：$1,600 \times 30 \times 21 = 1,008,000$（元）————————③材料单价的影响

（第一替换）$1,500 \times 30 \times 18 = 810,000 - $（基数）$1,500 \times 32 \times 18 = -54,000$（元），即单耗的影响值；（第二替换）$1,600 \times 30 \times 18 - $（第一替换）$1,500 \times 30 \times 18 = 54,000$（元），即产量的影响值；（第三替换）$1,600 \times 30 \times 21 - $（第二替换）$1,600 \times 30 \times 18 = 144,000$（元），即价格的影响值。

以上计算由于计算顺序的改变，各因素的影响值也不尽相同，尽管不会影响

到总差异。但是，替代顺序一经确定，就不应随意改变。

如何确定正确的替代顺序，是一个理论上及实践中都没有得到很好解决的问题。传统的方法是先数量指标后质量指标；先实物指标后价值指标；先主要因素后次要因素；先分子后分母。一般地说，替代顺序在前的因素对经济指标影响的程度不受其他因素影响或影响较小，排列在后的因素中含有其他因素共同作用的结果。从这个角度上说，为了分清楚责任，将对分析指标影响较大的并能够明确责任的因素放在前面较好。

第三，顺序替代的连环性。在运用连环替代法进行因素分析时，每一个因素变动的影响都是在前一次计算的基础上进行的，并且是采用连环比较的方法确定因素变化的影响结果，一环扣一环。只有保持在计算程序上的连环性，才能够使各个因素影响之和等于分析指标变动的差异，也就是每次替换的指标所形成的新结果要与上一次替换的结果比较，形成环比，而不能将每次替换结果与预算指标相比，否则不能剥离出单一因素影响结果，其最终影响会相谬甚远。

第四，计算结果的假定性。由于因素分析法计算的各个因素变动的影响数，会因替代计算顺序的不同而有一定的差别，因而计算结果难免带有假定性，即它不可能使每个因素计算的结果都达到绝对的准确，而且现实中各个因素是同时发生影响，而不是先后发生影响的，我们确定的顺序只是假定某个因素先变化，某个因素后变化。它只是在某种假定前提下的影响结果，离开了这种假定前提条件，也就不会是这种影响结果。为此，分析时应该力求使这种假定合乎逻辑，并且具有现实经济意义，这种计算结果的假定性才不至于妨碍分析的有效性。

2.3.7.2　差额计算方法

差额计算方法是连环替代法的一种简化形式，当然也属于因素分析法。其计算原理与连环替代法是相同的，区别在于分析程序不同，差额计算方法是将连环替代法的第三步骤和第四步骤合并为一个步骤来进行。基本特点为：在确定分析对象后，也与连环替代法一样，对基准公式按序进行替换，替换之后，在因素分析环节，分析每一因素对总体的影响度时，两两相减时，提取公因式，计算出影响结果，简便明了。最后也可以验证分析正误。

[例2-6] 根据上例分析相关资料，差额计算方法的计算过程如下：

（1）确定分析对象。

实际数 − 预算数 = 1,008,000 − 864,000 = 144,000（元）

（2）建立分析对象与影响因素之间的函数关系式。材料成本总额 = 产品产量 × 单位产品消耗量，即材料成本预算数 = $1,500 \times 32 \times 18 = 864,000$（元）。

（3）连环替代。

第一替换：$1,600 \times 32 \times 18 = 921,600$（元）————①产量变动的影响

第二替换：$1,600 \times 30 \times 18 = 864,000$（元）————②单位产品消耗量的影响

第三替换：$1,600 \times 30 \times 21 = 1,008,000$（元）————③材料单价的影响

（4）因素分析。

用第一替换①与预算数相减，计算出由于产品产量变动对材料成本总额的影响度：$1,600 \times 32 \times 18 - 1,500 \times 32 \times 18 = 1,600 - 1,500 \times 32 \times 18 = 57,600$（元），说明产品产量的增加使原材料成本总额增加 57,600 元；

用第二替换②与第一替换①相减，计算出由于单位产品消耗量变动对材料成本总额的影响度：$1,600 \times 30 \times 18 - 1,600 \times 32 \times 18 = 1,600 \times (30 - 32) \times 18 = -57,600$（元），说明单位产品消耗量下降使原材料成本总额下降 57,600 元；

用第三替换③与第二替换②相减，计算出由于材料单价变动对材料成本总额的影响度：$1,600 \times 30 \times 21 - 1,600 \times 30 \times 18 = 1,600 \times 30 \times (21 - 18) + 144,000$（元），说明材料单价上升使原材料成本总额增加 144,000 元。

（5）检验分析结果。将以上产量、单耗及单价因素影响度加以综合，其结果等于实际值与预算值的差异数，即分析对象值。上述三个因素共同影响值 = $-57,600 + 57,600 + 144,000$ 元，与分析对象（实际数 - 预算数）= $1,008,000 - 864,000 = 144,000$（元）相吻合。

注意：并非所有的连环替代法都可以按照上述差额计算方法的方式进行简化，特别是在各个影响因素不是连乘的情况下，运用差额计算方法必须慎重。

2.4　财务综合分析与评价

财务分析从盈利能力、营运能力和偿债能力角度对企业的筹资活动、投资活动和经营活动状况进行了深入、细致的分析，以判明企业的财务状况和经营业绩，这对于企业投资者、债权人、经营者、政府及其他与企业利益相关者了解企

业的财务状况和经营成效是十分有益的。但前述单项财务分析通常是从某一特定角度，就企业某一方面的经营活动做分析，这种分析不足以全面评价企业的总体财务状况和财务成效，很难对企业总体财务状况和经营业绩的关联性得出综合性结论。为弥补这一点，有必要在单项分析的基础上，将有关指标按其内在联系结合起来进行综合分析。

业绩评价是指在综合分析的基础上，运用业绩评价方法对企业财务状况和经营成果所做的综合结论。业绩评价以财务分析为基础，财务分析以业绩评价为结论，财务分析离开业绩评价就没有了实际意义。在前述财务分析中，也都曾在分析基础上做了相应的评价，但只就单项财务能力所做的分析及评价，其结论具有一定的片面性，只有在综合分析的基础上进行业绩评价，才能从整体上相互联系地全面评价企业的财务状况及经营成果。

2.4.1　财务综合分析

财务综合分析就是将企业的偿债能力、营运能力、盈利能力和发展能力等诸方面的分析纳入一个有机的整体中，全面地对企业的财务状况、经营成果进行解剖和分析，从而对企业经济效益的优劣做出准确评价与判断的一种系统分析方法。综合分析方法有很多，主要有杜邦分析体系、沃尔分析体系。

2.4.1.1　杜邦分析体系

杜邦分析体系是利用各主要财务比率指标间的内在联系，对企业财务状况及其经营业绩进行综合分析和评价的方法。该体系是以净资产收益率为起点，重点揭示企业获利能力及权益乘数对净资产收益率的影响，因其最初由美国杜邦公司成功应用，故称为杜邦分析体系（见图2-5）。

从图2-5的构成中，可以看出杜邦分析体系主要体现了以下财务比率的关系式。净资产收益率原始公式和经过指标的层层分解的结果的净资产收益率公式如下：

净资产收益率 = 净利润 ÷ 所有者权益平均数

净资产收益率 = 营业净利率 × 总资产周转率 × 权益乘数

在图2-5杜邦分析体系的左边部分，主要分析了企业的营运能力和盈利能力，并展示出企业营运能力和盈利能力两者之间的内在联系；在杜邦分析体系的

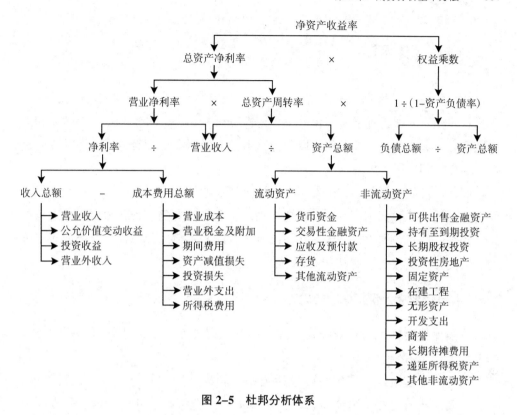

图 2-5　杜邦分析体系

右边部分，主要分析了企业的偿债能力、资本结构、资产结构以及内在关系。其共同作用的结果是导致企业净资产收益率的变动。因此，净资产收益率是杜邦分析体系的核心，是一个综合性最强的指标，也反映着企业财务管理的方向和目标（详见后面章节具体分析）。

2.4.1.2　沃尔分析体系

在进行财务分析时，往往遇到一个主要困难，就是计算出财务比率后，无法判断其偏高还是偏低。与本企业的历史比较，也只能看出自身的变化，却难以评价其在市场竞争中的优劣地位。为了弥补这些缺陷，亚历山大·沃尔在 20 世纪初创立了一种新的分析方法——沃尔分析体系。其基本原理是将选定的具有代表性的七个财务指标用线性关系结合起来，与行业平均值进行比较，以确定各项指标占标准值的比重，并结合标准分值来确定企业实际得分值，总和分值为 100 分（详见后面章节具体分析）。

2.4.2　业绩评价

业绩评价，是指运用数理统计和运筹学的方法，通过建立综合评价指标体系，对照相应的评价标准，定量分析与定性分析相结合，对企业一定经营期间的盈利能力、资产质量、债务风险以及经营增长等经营业绩和努力程度等各方面进行的综合评判。

业绩评价的主要作用如下：科学地评价企业业绩，可以为出资人行使经营者的选择权提供重要依据；可以有效地加强对企业经营者的监管和约束；可以为有效激励企业经营者提供可靠依据；还可以为政府有关部门、债权人、企业职工等利益相关方提供有效的信息支持。

2.4.2.1　业绩评价指标的构成

业绩评价指标由管理业绩定性评价指标和财务业绩定量评价指标两大体系构成。

（1）管理业绩定性评价指标包括企业发展战略的确立与执行、经营决策、发展创新、风险控制、基础管理、人力资源、行业影响、社会贡献八个方面的指标。

（2）财务业绩定量评价指标主要是由反映企业财务状况、经营成果等的财务指标构成。依据各项指标的功能作用划分为基本指标和修正指标。①基本指标反映企业一定期间财务业绩的主要方面，并得出企业财务业绩定量评价的基本结果。②修正指标是根据财务指标的差异性和互补性，对基本指标的评价结果作进一步的补充和矫正。

修正具体内容如下：

其一，企业盈利能力指标，包括净资产收益率、总资产报酬率两个基本指标和营业利润率、盈余现金保障倍数、成本费用利润率、资本收益率四个修正指标。

其二，企业资产质量指标，包括总资产周转率、应收账款周转率两个基本指标和不良资产比率、流动资产周转率、资产现金回收率三个修正指标。

其三，企业债务风险指标，包括资产负债率、已获利息倍数两个基本指标和速动比率、现金流动负债比率、带息负债比率、或有负债比率四个修正指标。

其四，企业经营增长指标，包括营业收入增长率、资本保值增值率两个基本指标和营业利润增长率、总资产增长率、技术投入率三个修正指标。

进行分析、评价，确定各项具体指标之后，再分别配以不同的权重，使之成为一个完整的指标体系。

2.4.2.2 业绩评价标准

业绩评价标准分为财务业绩定量评价标准和管理业绩定性评价标准。其中，财务业绩定量评价标准包括国内行业标准和国际行业标准。国内行业标准根据国内企业年度财务和经营管理统计数据，运用一定的技术方法，统一测算。国际行业标准根据居于行业国际领先地位的大型企业相关财务指标实际值，或者根据同类型企业相关财务指标的先进值，在剔除会计核算差异后统一测算。财务业绩定量评价标准按照不同行业、不同规模及指标类别，划分为优秀、良好、平均、较低和较差五个档次。

管理业绩定性评价标准根据评价内容，结合企业经营管理的实际水平和出资人监管要求等统一测算，并划分为优、良、中、低和差五个档次。

2.4.2.3 评价方法

（1）财务业绩定量评价方法。这里财务业绩定量评价是运用功效系数法等方法原理，以企业评价指标实际值对照企业所处行业（规模）标准值，按照既定的计分模型进行定量测算，从而得出对企业的财务状况及经营成果评价结论的过程。

（2）管理业绩定性评价方法。管理业绩定性评价是运用综合分析判断法的原理，根据评价期间企业管理业绩状况等相关因素的实际情况，对照管理业绩定性评价参考标准，对企业管理业绩指标进行分析评议，确定评价分值。

2.4.2.4 计算综合业绩评价分值，形成综合评价结果

根据财务业绩定量评价结果和管理业绩定性评价结果，按照既定的权重和计分方法，计算出业绩评价总分，并考虑相关因素进行调整后，得出企业综合业绩评价分值。综合评价结果是根据企业综合业绩评价分值及分析得出的评价结论，分为优、良、中、低和差五个等级。

2.4.2.5 创新的业绩评价方法

近年来，随着国有资产管理体制初步理顺、国有企业改革逐步深入、国有经济结构和布局不断优化，国有资产监管要求不断提高，国有企业步入一个全新的发展阶段。与此同时，我国企业财务制度出现重大改革，新《企业会计准则》的出台，标志着我国会计准则实现了国际趋同。2010 年国务院国资委在中央企业全面推行经济增加值（EVA）考核，央企从战略管理进入价值管理的新阶段，利润不再是央企考核的唯一标准。目前，以经济增加值为核心的新型企业管理系统在全球范围内推广和应用，成为衡量企业经营业绩的主要标准（详见后面章节具体分析）。

‖ 第 3 章 ‖
资产负债表分析

3.1　实训目的

提高学生对资产负债表分析的实际操作能力；巩固所学的理论知识和分析方法，能对公司的资产结构、资产规模、偿债能力及营运能力进行分析；正确评价公司财务状况的优劣；提高学生思考问题、分析问题、解决问题的能力。

3.2　背景知识

3.2.1　重点资产项目分析

3.2.1.1　货币资金项目分析

货币资金项目反映企业库存现金、银行结算户存款、外埠存款、银行汇票存款、银行本票存款、信用证保证金存款、信用卡存款、存出投资款等货币资金的数额。

货币资金的特点如下：有较强的流动性，在企业经济活动中，有一大部分经营业务涉及货币资金的收支，也就是货币资金在企业持续经营过程中随时有增减的变化；货币资金收支活动频繁；在一定程度上，货币资金收支数额的大小反映着企业业务量的多少、企业规模的大小；通过货币资金的收支来反映企业的收益、损失以及经济效益。

（1）货币资金规模的分析。企业货币资金规模是否合理，主要由下列因素决定：

其一，资产规模与业务量。一般来说，企业资产规模越大，相应的货币资金规模也就越大；业务量越大，处于货币资金形态的资产也就越多。

其二，筹资能力。如果企业有良好的信誉，筹资渠道通畅，就没必要长期持有大量的货币资金，因为货币资金的盈利性通常较低。

其三，运用货币资金能力。如果企业经营者利用货币资金能力较强，则货币资金比重可维持在较低水平，利用货币资金从事其他经营活动，企业的获利水平有可能提高。

其四，行业特点。一般来讲，企业业务规模越大，业务收支越频繁，持有的货币资金也就越多。处于不同行业的企业，其合理的货币资金比重也会有较大的差异。

（2）货币资金变动的分析。企业货币资金的增减变动可能受以下因素影响：

其一，销售规模的变动。企业销售规模发生变动，货币资金规模也会随之发生变动，二者之间具有一定的相关性。

其二，信用政策的变动。如果企业采用严格的信用政策，提高现销比例，可能会导致货币资金规模提高。

其三，为支出大量现金做准备。如准备派发现金股利、偿还将要到期的巨额银行借款或集中购货等，这些都会增加企业的货币资金规模。但是这种需要是暂时的，货币资金规模会随着企业现金的支付而降低。

（3）货币资金持有量的分析。企业货币支付能力大于1，说明货币支付能力较强，但并不表示企业货币资金的持有量是合理的。由于货币资金是一种非盈利资产，积存过多，必然会造成资金浪费，积存过少，又不能满足企业三个动机的需要（即交易性动机、预防性动机、投机性动机），增加企业财务风险。

3.2.1.2　应收账款分析

应收账款是指企业因赊销商品、材料、提供劳务等业务而形成的商业债权。这种债权应向购货单位或接受劳务的单位收取。

（1）决定应收账款规模的主要因素。决定或影响应收账款规模的因素有很多，主要包括以下几个方面：

其一，企业经营方式及所处的行业特点。对于相当多的企业来说，企业营销自己的产品或劳务，不外乎采用预收、赊销和现销的方式。因此，债权规模与企业经营方式和所处行业有直接联系。如处于商业行业的零售企业，相当一部分业务是现金销售业务，因而其商业债权较少；而相当一部分工业企业，则往往采用赊销的方式，从而形成商业债权。

其二，企业的信用政策。企业赊销商品，就是向购买方提供了商业信用，因此，企业的信用政策对其商业债权规模有着直接的影响，宽松的信用政策，将会刺激销售，增大债权规模；紧缩的信用政策，则又会制约销售，减少债权规模。

企业应收账款规模越大，其发生坏账的可能性越大；应收账款规模越小，发生坏账的可能性越小。因此，应在刺激销售和减少坏账间寻找赊销政策的最佳点。

（2）应收账款的质量分析。应收账款的质量是指债权转化为货币的质量。对应收账款的质量进行分析主要有以下几种方法。

第一种方法，对债权的账龄进行分析。对债权的账龄进行分析是最传统的一种方法。这种方法通过对债权的形成时间进行分析，进而对不同账龄的债权分别判断其质量；对于现有债权，按欠账期长短进行分类分析。一般而言，未通过信用期或已通过信用期但拖欠期较短的债权出现坏账的可能性比已过信用期较长时间的债权发生坏账的可能性小。这种分析对确定企业的坏账情况、制定或调整企业的信用政策十分有益。

第二种方法，对债务人的构成进行分析。一般情况下，企业债权的度量不仅与债权的账龄有关，更与债务人的构成有关。因此，在有条件的情况下，可以通过对债务人的构成分析来对债权的质量进行分析。对债务人的构成分析可以从以下几个方面来进行。

其一，从债务人的行业构成来分析。由于不同行业的成长性差异可能很大，处于同一行业内的企业往往在财务质量方面有较大的相似性，因此，对债务人的行业构成进行分析至关重要。

其二，从债务人的区域构成来分析。从债务人的区域构成来看，不同地区的债务人，由于经济发展水平、法制建设条件以及特定的经济环境等方面的差异，对企业自身债务的偿还心态以及偿还能力有着相当大的差异，经济发展水平较高，法制建设条件较好以及特定经济环境较好地区的债务人一般具有较好的债务清偿心理，因而企业对这些地区债权的可收回性较强；反之，其还款能力较差。

其三，从债务人的所有权性质来分析。不同所有制的企业，对其自身债务的偿还心态以及偿还能力也有较大的差异，许多企业的实践已经证明了这一点。

其四，从债权企业与债务人的关联状况来分析。从债权企业与债务人的关联状况来看，可以把债务人分为关联方债务人与非关联方债务人。由于关联方彼此之间在债权债务方面的操纵色彩较强，因此，关联方债务人对债权企业债务的偿还状况会给予足够的重视。

其五，从债务人的稳定程度来分析。稳定债务人的偿债能力一般较好把握，而临时性或不稳定债务人的偿债能力一般较难把握。

第三种方法，对形成债权的内部经手人构成进行分析。一般来说，由于受所掌握资料的限制，企业外部报表信息的使用者不大可能对形成企业债权的内部经手人构成进行分析。但是，企业管理者完全可以对形成债权的内部经手人的构成进行分析。

3.2.1.3　存货项目分析

（1）存货的范围。存货分为原材料、在产品、产成品等。存货资产是企业流动资产中最重要的组成部分，是生产经营活动中重要的物质基础。存货资产的变动不仅对流动资产的资金占用有极大的影响，而且对生产经营活动产生重大影响。存货变动更主要地受到企业生产经营方面的影响，如生产经营规模的扩张和收缩、资产利用效果的高低、资产周转速度的快慢、存货管理的水平等。

（2）存货数量的确定。存货数量的确定有两种盘存制度：永续盘存制和实地盘存制。

（3）存货的计价分析。存货计价分析主要是分析企业对存货计价方法的选择或变更是否合理。存货发出采用不同的计价方法，对企业财务状况、盈利情况会产生不同的影响，其主要表现在以下三个方面：

其一，存货计价对企业损益的计算有直接影响。其表现如下：①期末存货计价（估价）如果过低，当期收益可能因此而相应减少；②期末存货计价（估价）如果过高，当期收益可能因此而相应增加；③期初存货计价如果过低，当期的收益可能因此而相应增加；④期初存货计价如果过高，当期收益可能因此而相应减少。

其二，存货计价对于资产负债表有关项目数额的计算有直接影响，包括流动资产总额、所有者权益等项目，都会因存货计价的不同而有不同的数额。

其三，存货计价方法的选择对计算缴纳所得税的数额有一定的影响。因为不同的计价方法，其结转当期销售成本的数额会有所不同，从而影响企业当期应纳税利润数额的确定。

3.2.1.4　固定资产项目分析

固定资产是指同时具有下列特征的有形资产：其一，为生产商品提供劳务出租或经营管理而持有的资产；其二，使用寿命超过一个会计年度的资产。

固定资产主要包括房屋、建筑物、机器、机械、运输工具以及其他与生产经营活动有关的设备、器具、工具等。

在固定资产项目分析中，主要分析固定资产的折旧，固定资产的折旧方法包括直线法、工作量法、加速折旧法等，采用不同固定资产折旧方式，直接影响公司的成本、费用的计算，进而对公司的盈利水平产生影响。

进行固定资产分析时，首先，要看固定资产采用什么样的折旧方法。采用加速折旧法虽然能较快收回公司的投资，减少固定资产的无形损耗，但这种方法增加了公司的成本、费用的支出，从一定程度上减少了同期的利润。其次，要看固定资产使用年限的确定是否合理，公司经营不善会导致利润的减少，延长折旧年限就意味着减少每期的折旧额，从而减少了成本、费用的支出，会使公司盈利出现虚增。再次，需考虑企业的技术装备水平。特定的技术装备水平应该和企业的发展情况相适应。在企业的发展过程中能充分发挥其作用的资产是优质资产。最后，需要分析固定资产在总资产中的比重，进行固定资产结构分析。固定资产结构具有行业特征，且固定资产比例的大小与其周转能力密切相关。

3.2.2　短期偿债能力分析

短期偿债能力是指企业以流动资产偿还流动负债的能力，可反映企业偿付一年（含一年）或者超过一年的一个营业周期内到期债务的实力。

短期偿债能力是企业相关利益者应重视的问题，通过短期偿债能力的强弱分析，企业经营者可以判断企业承受财务风险能力的大小；投资者可以判断企业盈利能力的高低和投资机会的多少；企业的债权人可以判断本金与利息能否收回；客户和供货商可以判断企业履行合约的能力。

3.2.2.1　影响短期偿债能力的具体因素

对企业短期偿债能力进行分析，必须了解影响短期偿债能力的因素，这是进行短期偿债能力分析的基础。影响短期偿债能力的因素，总的来说可以分为企业内部因素和企业外部因素。

（1）企业的内部因素。影响企业短期偿债能力的内部因素如下：

其一，企业经营活动现金流量。企业负债的偿付方式有两种：一种是用自身的资产偿付，另一种是举新债来偿付旧债，但最终也要用自身的资产来偿付。短期负债一般来讲需要以企业的流动资产来偿付，因此，充足、稳定的现金流入是企业偿债能力强的重要标志。

其二，企业流动资产结构。在企业的资产结构中，如果流动资产所占比重较大，那么企业短期偿债能力相对要大些，因为流动负债通常需要通过流动资产变现来偿付。如果流动资产所占比重较高，但其内部结构不合理，其实际偿付能力也会受到影响。在流动资产中，如果存货资产占较大的比重，而存货资产的变现能力通常又低于其他流动资产，则其偿债能力是要打折扣的。从这个意义上讲，流动资产中的应收账款、存货资产的周转速度也是反映企业偿债能力的辅助性指标。

其三，企业流动负债结构。企业流动负债，一部分是以现金偿付，如短期借款、应缴款项等，需要以现金偿付的流动负债对资产的流动性要求较高，企业只有拥有足够现金才能保证其偿还能力；而另一部分流动负债是用商品或劳务来偿还，主要是预收货款等。只要企业拥有充足的存货即可保证其偿债能力，而不需要现金偿付。

其四，企业的融资能力。单凭各种偿债能力指标，还不足以判断企业的实际偿债能力。有些企业各种偿债能力指标都较好，但却不能按期偿还到期债务；而另一些企业，因为有较强的融资能力，与银行等金融机构保持良好的信用关系，随时能够筹措到需要的资金，总能按期偿付债务和支付利息，那么即使该企业的各种偿债能力指标并不高，实际上也具备很强的偿债能力。

（2）企业的外部因素。影响企业短期偿债能力的外部因素如下：

其一，宏观经济形势。宏观经济形势是影响短期偿债能力的重要外部因素。当一国经济持续稳定增长时，社会的有效需求就会稳定增长，产品畅销。由于市场条件良好，企业的产品和存货可以较容易地通过销售转化为货币资金，从而提高企业短期偿债能力。如果国民经济进入迟滞阶段，国民购买力不足，就会使企业产品积压，企业资金周转不灵，企业间贷款相互拖欠，企业的偿债能力就会受到影响，反映短期偿债能力的指标也不实。

其二，证券市场的发育与完善程度。在企业流动资产的这一部分中，通常包含一定比率的有价证券，当对企业的偿债能力进行分析时，将有价证券看作是等量的现金。而这样计算所得的偿债能力指标与企业的实际偿债能力具有一定的差异。原因在于，有价证券在资产负债表中是按照其历史成本列示的，不同于其转让价格，并且在进行有价证券的转让时，还要支付一定的转让费用。证券市场的发育和完善程度对企业短期偿债能力的影响还表现为，当证券市场较发达时，企业可以按需将持有的有价证券转换为现金；当证券市场欠发达时，企业想要转让有价证券就比较困难，甚至有时不得不以较低的价格出售。这些都将成为企业短期偿债能力的影响因素，特别地，当企业依赖于将投资有价证券作为资金调度手段时，企业的短期偿债能力就更受证券市场的发育和完善程度的影响了。

其三，银行的信贷政策。国家通常采取一些宏观调控手段来保障整个国民经济的健康发展，如制定金融、税收等宏观经济政策，或调整产业结构和经济发展速度等。如果一个企业的产品是国民经济所急需的、发展方向是国家政策支持鼓励的，它就能比较容易地获得银行给予的贷款，使自己的偿债能力得到提高。此外，当国家的信贷政策较为宽松时，所有的企业都将在其需要资金时较容易地取得银行贷款，其实际偿债能力就会随之提高。

除了以上三点主要因素外，能够影响到企业短期偿债能力的因素还有很多，如母子公司之间的资金调拨、企业的财务管理水平等。在进行实际分析时，由于有的因素对企业偿债能力的影响不能以量化的形式表达，就要求分析者必须结合相关因素进行综合判断了。

3.2.2.2　短期偿债能力分析的内容

分析企业短期偿债能力，通常可运用一系列反映短期偿债能力的指标来进行。从企业短期偿债能力的含义及影响因素可知，短期偿债能力主要可通过企业流动资产与流动负债的对比得出。因此，对企业短期偿债能力的指标分析，主要可采用流动负债与流动资产对比的指标，包括营运资金、流动比率、速动比率、货币资金率、企业支付能力系数等。

3.2.3　长期偿债能力分析

长期偿债能力是指企业偿还一年期或超过一年的一个营业周期以上的长期债务的现金的保障程度。主要是分析企业资本结构的合理性及偿还长期债务本金和定期支付长期债务利息的能力。企业的资产及其增值是偿还债务的物质保证，而偿还债务的最终来源是企业经营与理财的收益或利润。因为在正常情况下，企业不可能靠出售资产或破产清算来偿还到期债务。企业只有具备长期稳定的盈利能力，才能为偿还债务本金和利息，提供最可靠的资金来源。因此，理解长期债务与资产和盈利能力的内涵及它们之间的关系，对于进行长期偿债能力分析是十分重要的。

3.2.3.1　影响长期偿债能力的具体因素

（1）企业的盈利能力。盈利能力就是指公司在一定时期内赚取利润的能力，从长期来看，稳定的盈利能力才能使企业有良好的财务实力，企业依靠生产经营所创造的现金是偿还本金和利息的最佳来源。

从企业的偿债义务来看，包括按期偿还本金和按期支付利息两个方面。短期债务可以通过流动资产变现来偿还，因为大多数流动资产的取得往往以短期负债为其资金来源。企业非流动负债大多用于非流动资产投资，形成企业的长期资产，在正常生产经营条件下，企业不可能靠出售资产作为偿债的资金来源，而只能依靠企业生产经营所得。从举债的目的来看，企业使用较低的负债资金是为了获得财务杠杆利益，增加企业受益，其利息支出自然要从所融通资金创造的收益中予以偿还。也就是说，企业的长期偿债能力必须建立在企业盈利能力的基础上。较强的盈利能力不仅可以使企业从经营活动中获取足够的现金流入量，而且可以吸引投资者和债权人，随时筹集到所需的资金，以偿还到期债务的本金和利息。

因此，企业的长期偿债能力是与企业的盈利能力密切相关的。一般而言，企业的盈利能力越强，长期偿债能力越强；反之，则长期偿债能力越弱。如果企业长期亏损，则必须通过出售资产偿还债务，否则企业的生产经营活动就不能正常进行，最终会影响投资人和债权人的利益。所以说企业的盈利能力是影响长期偿债能力的最重要因素。

（2）企业的资本结构。由于长期债务的期限长，企业的长期偿债能力主要取决于企业资产与负债的比例关系，即资本结构。

资本结构是指企业负债及所有者权益各组成因素之间的比例关系。负债是企业的外来资金，需要企业在约定的期限，以资产或劳务偿还。所有者权益是所有者（投资者）投入企业的资本，企业可以永久性地使用。

在资本结构分析中，应当重点分析企业所有者权益与负债之间的比例是否合理，因为只有以所有者权益资金购买的各种资产，才是企业偿还债务本金和利息以及承担各种风险的基础。如果负债比例过高，则企业面临的偿债压力就大，固定的利息支出就高，企业无力支付到期债务本息的可能性也就大；反之，如果所有者权益比例高，企业的财务实力就强，则债权人遭受企业无力偿还的风险就小。所以只有不断优化资本结构，才能提高企业长期偿债能力。

企业资本结构合理，必然有比较稳定的经济实力，能够偿还各种债务，能够承担生产经营中的风险和财务上的风险，并能应付其他各种意外情况。因此，资本结构是评价企业长期偿债能力的重要因素。

3.2.3.2 长期偿债能力分析的内容

从盈利能力角度对企业长期偿债能力进行分析评价的指标主要有债务本息偿付比率、利息保证倍数和固定费用补偿倍数等。反映资本结构的财务比率主要有资产负债率、产权比率和权益乘数。

3.2.4 营运能力分析

营运能力是指企业基于外部市场环境的约束，充分利用现有资源创造价值的能力，它的实质是企业营运资产的效率与效益。企业营运资产的效率主要指资产的周转率或周转速度。营运资产的效益是指企业营运资产的利用效果，通过资产的投入与其产出相比较来体现。

3.2.4.1 营运能力分析目的

营运能力分析能够评价一个企业的经营水平和管理水平，甚至预期其发展前景，所以进行营运能力分析主要目的如下：

（1）评价企业资产营运的流动性。评价企业营运能力主要是评价企业资产的流动性。企业资产的两大基本特征是收益性和流动性。企业经营的基本动机是获取预期的收益。当企业的资产处在静止状态时，不会有收益，只有把这些资产进行经营时，才可能有收益。企业营运能力越强，资产的流动性越高，企业获得预期收益的可能性就越大。流动性是企业营运能力的具体体现，通过对营运能力的分析，就可以对企业资产的流动性作出评价。

（2）评价企业资产利用的效益。企业资产营运能力的实质，就是以尽可能少的资产占用，在尽可能短的时间周转，生产出尽可能多的产品，实现尽可能多的销售收入，创造出尽可能多的纯收入。通过企业产出额与资产占用额的比较，可以评价企业资产利用的效益。

（3）营运能力分析是偿债能力分析的基础与补充。对企业资产的营运能力进行分析，可以判断企业的偿债能力。一般而言，企业偿还债务的能力来源于其获利能力，而获利能力主要来源于资金的营运能力，因此，分析企业营运能力有助于债权人分析企业的偿还债务利息的能力。

3.2.4.2　营运能力分析的内容

如前所述，营运能力是指企业营运资产的效率与效益。进行营运能力分析的目的，是评价企业运用各种资产创造收入的能力，通常用年度内每一元资产可以创造多少营业收入来衡量。单位资产创造的营业收入越多，说明资产的使用效率越高，企业营运能力越强。反之则说明企业营运能力较弱。

企业营运能力分析主要包括以下内容：

（1）全部资产营运能力分析。通过对全部资产周转率的分析，揭示全部资产周转速度和利用效率变动的原因，评价全部资产营运能力。

（2）流动资产周转速度分析。通过对应收账款周转率、存货周转率和流动资产周转率的分析，揭示流动资产周转速度变动的动因，评价资产的利用效率和资产的流动性。

（3）固定资产营运能力分析。通过对固定资产产值率和固定资产收入率的分析，揭示固定资产利用效果变动的原因，评价固定资产的营运能力。

3.3 实训项目

3.3.1 重点资产项目分析

3.3.1.1 通过水平分析和结构分析识别重点列报项目

资产负债表水平分析的目的就是从总体上了解资产、权益的变动情况，分析变动原因。首先将资产负债表的本期数与选定的标准进行比较，编制出资产负债表水平分析表，然后在此基础上进行水平分析。

资产负债表结构分析，又称为资产负债表垂直分析，目的是反映资产负债表各项目间的相互关系及各项目所占的比重。资产负债表结构分析是通过计算资产负债表中各项目占总资产或权益总额的比重，分析评价企业资产结构和权益结构的变动情况及变动合理性。

需要注意的是，资产负债表中反映公司关键成功要素（KSF）和主要风险的项目，其在总资产或权益总额所占比重也往往比较大。

下面对獐子岛 2015 年度的资产负债表进行水平分析和结构分析，识别该公司会计分析的重点列报项目。系统具体操作如下：

第一步，进入哲睿企业经营分析与预测系统，填写分析内容，如图 3-1 所示。

第二步，名称输入"*ST獐岛"，如图 3-2 所示。

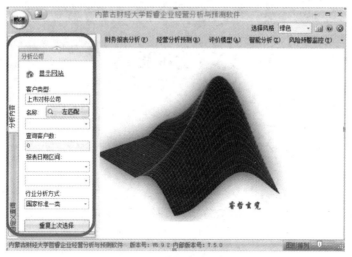

图 3-1　分析内容界面

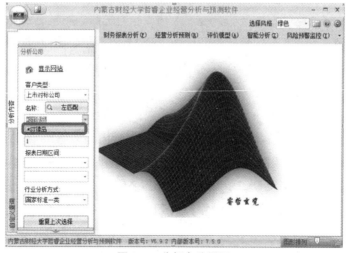

图 3-2　分析名称界面

第三步，点击左匹配和"*ST獐岛"后，系统自动填写客户代码，如图 3-3 所示。

第四步，填写报表日期区间，点击下拉菜单按钮（向下小箭头），选择报表日期分析区间，如图 3-4 所示。

第五步，点击"财务报表分析"按钮，选择"多功能比较"分析，如图 3-5 所示。

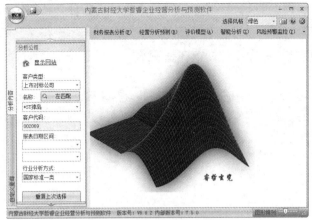

图 3-3　分析客户代码界面

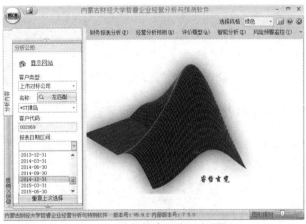

图 3-4　分析报表日期区间界面

图 3-5　多功能比较分析界面

第六步，选择比较报表日期，选择资产负债表指标，比较类型选择环比，如图 3-6 所示。

第七步，点击指标确认，如图 3-7 所示。

图 3-6 多功能比较分析界面

图 3-7 多功能比较分析界面

第八步，点击"数据显示"，如图 3-8 所示。

第九步，点击"计算比较值"，如图 3-9 所示。

第十步，点击"输出 Excel"，如图 3-10 所示，整理后如表 3-1 所示。

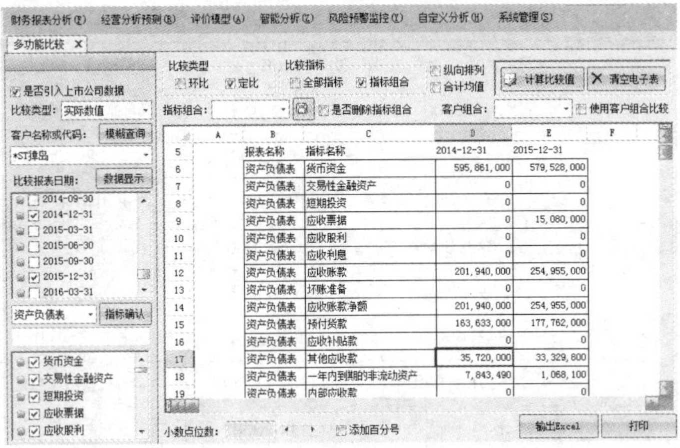

图 3-8 多功能比较分析界面

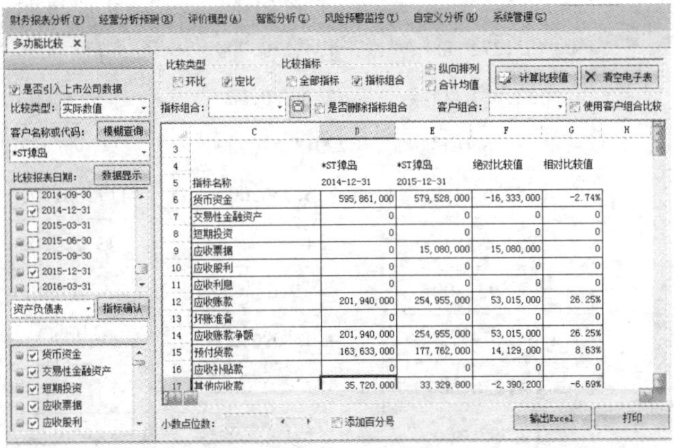

图 3-9 多功能比较分析界面

图 3-10 多功能比较分析界面

表 3-1 *ST 獐岛 2015 年度水平分析表

项目	期初余额（元）	期末余额（元）	变动额（元）	变动率（%）
货币资金	595,861,000	579,528,000	-16,333,000	-2.74
应收票据	—	15,080,000	15,080,000	—
应收账款	201,940,000	254,955,000	53,015,000	26.25
预付货款	163,633,000	177,762,000	14,129,000	8.63
其他应收款	35,720,000	33,329,800	-2,390,200	-6.69
一年内到期的非流动资产	7,843,490	1,068,100	-6,775,390	-86.38
存货	1,706,760,000	1,543,400,000	-163,360,000	-9.57
其他流动资产	16,000,000	16,000,000	—	—
流动资产合计	2,727,750,000	2,621,120,000	-106,630,000	-3.91
可供出售金融资产	—	3,250,000	3,250,000	0
长期股权投资	133,374,000	134,130,000	756,000	0.57
长期投资	133,374,000	137,380,000	4,006,000	3.00
固定资产原价	1,939,860,000	2,013,540,000	73,680,000	3.80
累计折旧	648,765,000	766,366,000	117,601,000	18.13
固定资产净值	1,291,100,000	1,247,180,000	-43,920,000	-3.40
在建工程	50,393,400	44,916,200	-5,477,200	-10.87
固定资产合计	1,341,493,400	1,292,096,200	-49,397,200	-3.68
无形资产	334,956,000	319,450,000	-15,506,000	-4.63
商誉	11,998,800	2,047,960	-9,950,840	-82.93
长期待摊费用	126,627,000	85,150,300	-41,476,700	-32.76
无形资产及递延资产合计	473,581,800	406,648,260	-66,933,540	-14.13
递延所得税资产	183,710,000	1,228,520	-182,481,480	-99.33
其他非流动资产	18,335,200	26,913,800	8,578,600	46.79
非流动资产合计	2,150,490,000	1,864,260,000	-286,230,000	-13.31
资产总计	4,878,240,000	4,485,390,000	-392,850,000	-8.05
短期借款	2,603,900,000	1,725,510,000	-878,390,000	-33.73
应付账款	255,457,280	217,738,320	-37,718,960	-14.77
应付票据	8,031,650	—	-8,031,650	-100.00
应付职工薪酬	50,462,400	43,389,500	-7,072,900	-14.02

续表

项目	期初余额（元）	期末余额（元）	变动额（元）	变动率（%）
预收账款	30,291,700	38,286,200	7,994,500	26.39
其他应付款	37,690,100	41,558,900	3,868,800	10.26
一年内到期的非流动负债	53,630,900	289,513,000	235,882,100	439.82
应交税费	−44,045,600	−26,333,800	17,711,800	−40.21
流动负债合计	2,995,410,000	2,329,660,000	−665,750,000	−22.23
非流动负债合计	726,272,000	1,247,540,000	521,268,000	71.77
长期负债	642,063,000	1,191,540,000	549,477,000	85.58
其他长期负债	35,360,900	—	−35,360,900	−100.00
长期负债合计	677,423,900	1,191,540,000	514,116,100	75.89
递延所得税负债	17,446,500	16,920,000	−526,500	−3.02
负债合计	3,721,690,000	3,577,200,000	−144,490,000	−3.88
少数股东权益	24,341,000	22,570,800	−1,770,200	−7.27
实收资本	711,112,000	711,112,000	—	—
资本公积	874,828,000	875,859,000	1,031,000	0.12
盈余公积	245,200,000	245,200,000	—	—
未分配利润	−686,682,000	−929,618,000	−242,936,000	35.38
股东权益合计	1,156,560,000	908,186,000	−248,374,000	−21.48
负债与股东权益合计	4,878,240,000	4,485,390,000	−392,850,000	−8.05

第十一步，点击"财务报表分析"按钮，选择"结构财务报表"分析，如图 3-11 所示。输出 Excel，合并编制"*ST 獐岛 2015 年度资产负债表结构分析表"，如表 3-2 所示。

3.3.1.2 水平分析

（1）资产变动。通过水平分析，可以看出獐子岛资产总额 2015 年较 2014 年减少 392,850,000 元，减少了 8.05%，资产规模下降不大。其中，流动资产的下降对资产总额的变化影响较为明显（流动资产减少额占总资产减少额的 27.14%）。从表 3-1 中可以看到，流动资产下降了 3.91%，减少了 106,630,000 元。进一步分析可知，流动资产的下降主要是由存货的大幅下降(其下降额占流动资产变动额的 153.26%)、货币资金下降（其下降额占流动资产变动额的 15.32%）和应收

图 3-11 结构财务报表分析界面

表 3-2 *ST 獐岛 2015 年度资产负债表结构分析表

项目	期初余额（元）	占本类别比例（%）	占总类别比例（%）	期末余额（元）	占本类别比例（%）	占总类别比例（%）
货币资金	595,861,000	21.84	12.21	579,528,000	22.11	12.92
应收票据	—	—	—	15,080,000	0.58	0.34
应收账款	201,940,000	7.40	4.14	254,955,000	9.73	5.68
预付货款	163,633,000	6.00	3.35	177,762,000	6.78	3.96
其他应收款	35,720,000	1.31	0.73	33,329,800	1.27	0.74
一年内到期的非流动资产	7,843,490	0.29	0.16	1,068,100	0.04	0.02
存货	1,706,760,000	62.57	34.99	1,543,400,000	58.88	34.41
其他流动资产	16,000,000	0.59	0.33	16,000,000	0.61	0.36
流动资产合计	2,727,750,000	100.00	55.92	2,621,120,000	100.00	58.44
可供出售金融资产	—	—	—	3,250,000	2.37	0.07
长期股权投资	133,374,000	100.00	2.73	134,130,000	97.63	2.99
长期投资	133,374,000	100.00	2.73	137,380,000	100.00	3.06
固定资产原价	1,939,860,000	579.14	39.77	2,013,540,000	630.31	44.89
累计折旧	648,765,000	193.69	13.30	766,366,000	239.90	17.09
固定资产净值	1,291,100,000	385.45	26.47	1,247,180,000	390.41	27.81
在建工程	50,393,400	15.04	1.03	44,916,200	14.06	1.00
固定资产合计	1,341,493,400	400.50	27.50	1,292,096,200	404.48	28.81

续表

项目	期初余额（元）	占本类别比例（%）	占总类别比例（%）	期末余额（元）	占本类别比例（%）	占总类别比例（%）
无形资产	334,956,000	70.73	6.87	319,450,000	78.56	7.12
商誉	11,998,800	2.53	0.25	2,047,960	0.50	0.05
长期待摊费用	126,627,000	26.74	2.60	85,150,300	20.94	1.9
无形资产及递延资产合计	473,581,800	100.00	9.71	406,648,260	100.00	9.07
递延所得税资产	183,710,000	8.54	3.77	1,228,520	0.07	0.03
其他非流动资产	18,335,200	0.85	0.38	26,913,800	1.44	0.60
非流动资产合计	2,150,490,000	100.00	44.08	1,864,260,000	100.00	41.56
资产总计	4,878,240,000		100.00	4,485,390,000	—	100.00
短期借款	2,603,900,000	86.93	53.38	1,725,510,000	74.07	38.47
应付账款	255,457,280	8.53	5.24	217,738,320	9.35	4.85
应付票据	8,031,650	0.27	0.16			
应付职工薪酬	50,462,400	1.68	1.03	43,389,500	1.86	0.97
预收账款	30,291,700	1.01	0.62	38,286,200	1.64	0.85
其他应付款	37,690,100	1.26	0.77	41,558,900	1.78	0.93
一年内到期的非流动负债	53,630,900	1.79	1.10	289,513,000	12.43	6.45
应交税费	-44,045,600	-1.47	-0.90	-26,333,800	-1.13	-0.59
流动负债合计	2,995,410,000	100.00	61.40	2,329,660,000	100.00	51.94
非流动负债合计	726,272,000		14.89	1,247,540,000		27.81
长期负债	642,063,000	94.78	13.16	1,191,540,000	100.00	26.56
其他长期负债	35,360,900	5.22	0.72			
长期负债合计	677,423,900	100.00	13.89	1,191,540,000	100.00	26.56
递延所得税负债	17,446,500		0.36	16,920,000		0.38
负债合计	3,721,690,000		76.29	3,577,200,000		79.75
少数股东权益	24,341,000	2.10	0.50	22,570,800	2.49	0.50
实收资本	711,112,000	61.49	14.58	711,112,000	78.30	15.85
资本公积	874,828,000	75.64	17.93	875,859,000	96.44	19.53
盈余公积	245,200,000	21.20	5.03	245,200,000	27.00	5.47

续表

项目	期初余额（元）	占本类别比例（%）	占总类别比例（%）	期末余额（元）	占本类别比例（%）	占总类别比例（%）
未分配利润	−686,682,000	−59.37	−14.08	−929,618,000	−102.36	−20.73
股东权益合计	1,156,560,000	100.00	23.71	908,186,000	100.00	20.25
负债与股东权益合计	4,878,240,000		100.00	4,485,390,000		100.00

账款的增加（其增加额占流动资产变动额的 49.72%）所致。而非流动资产的下降对资产总额的变化影响更为突出（非流动资产减少额占资产的 72.86%），非流动资产下降了 13.31%，减少了 −286,230,000 元。其减少主要是由递延所得税资产（其下降额占非流动资产变动额的 63.75%）和固定资产（其下降额占非流动资产变动额的 17.26%）的下降所致。

在资产项目中，有多个项目发生了较大的变动，具体变动如下：

一年内到期的非流动资产下降了 86.38%。一年内到期的非流动资产减少的原因是部分养殖用台筏将于 2016 年度摊销完毕所致。

商誉下降了 82.93%，下降的原因是本期计提商誉减值准备。系本公司之全资子公司獐子岛渔业集团香港有限公司 2014 年 4 月收购大连新中海产食品有限公司后，经营成果未到达预期，根据辽宁元正资产评估有限公司元正评报字（2016）第 059 号评估报告，以 2015 年 12 月 31 日评估基准日，采用资产基础法将大连新中海产食品有限公司所有资产认定为一个资产组，截至 2015 年 12 月 31 日，该资产组可回收金额 263,500,000 元与该资产组账面可辨认金资产公允价值 273,450,823.96 元差额 9,950,823.96 元为计提商誉减值准备。

递延所得税资产下降了 99.33%，2015 年期末余额较期初余额减少的原因：本公司下属荣成养殖、獐子岛通远子公司前期累积亏损未确认递延所得税资产，本期盈利抵扣 2015 年到期的未确认的可抵扣亏损。

（2）负债和股东权益变动。从企业的负债和股东权益状况来看，负债和股东权益均有下降。

企业负债下降了 144,490,000 元，下降的幅度为 3.88%。其中流动负债下降幅度较大，下降了 665,750,000 元，降幅达到了 22.23%。其下降额占负债总额变动的比例很高，下降达到了 460.76%。而非流动负债的增加对负债总额变动的影响较为突出，上升达到了 360.76%。二者共同作用使负债总额下降了 3.88%。

流动负债的下降，非流动负债的增加在一定程度上降低了企业的财务风险。

企业股东权益较上年下降了 248,374,000 元，下降的幅度为 21.48%。股东权益的下降主要源于企业的亏损。

在具体的负债项目中，有多个项目发生了较大的变动，具体变动如下：短期借款项目减少了 878,390,000 元，占 33.73%，减少的主要原因是抵押借款减少了 733,500,000 元，保证借款减少了 48,094,108.23 元，信用借款减少了 97,791,125 元，质押借款增加了 1,001,600 元所致。这在一定程度上减轻了企业的短期偿债压力。而一年内到期的非流动负债增加了 235,882,100 元，增加的比例为 439.82%。说明 2016 年的偿债压力增大。长期负债增加了 549,477,000 元，增加的比例为 85.58%。增加的原因是质押借款减少了 143,242,730.5 元，抵押借款增加了 693,292,451.9 元，信用借款减少了 575,338.26 元所致。未分配利润增加了 –242,936,000 元，增加了 35.38%，系企业累计亏损所致。

3.3.1.3 结构分析

（1）流动资产结构。通过结构分析可以看出，"*ST 獐岛"的流动资产占资产总额的比例很高（2015 年末占比为 58.44%，2014 年末占比为 55.92%），反映出该公司资产流动性较强的特点，进一步地分析可以看出，流动资产中又以货币资金、应收账款和存货为主。

表 3–3 *ST 獐岛流动资产内部结构分析表

单位：%

项目	2015 年	2014 年	变动
速动资产	33.68	30.56	3.12
预付货款	6.78	6.00	0.78
一年内到期的非流动资产	0.04	0.29	−0.25
存货	58.88	62.57	−3.69
其他流动资产	0.61	0.59	0.02

流动资产内部结构如表 3-3 所示，*ST 獐岛的流动资产质量一般。2015 年的速动资产占流动资产的比例为 33.68%，在 2014 年基础上提升了 3.12%。存货占流动资产的比例相对于 2014 年虽有所下降，下降了 3.69%，但是比例还高达 58.88%。与两家同行业竞争对手进行比较，如表 3-4 所示，上市公司存货金额都

不低，说明 *ST 獐岛的存货比例基本符合行业特点。

表 3-4　三家渔业上市公司存货占流动资产比例

单位：%

公司 \ 年份	2015	2014	2013
*ST 獐岛	58.88	62.57	76.71
东方海洋	40.29	77.84	76.16
国联水产	54.27	55.44	51.06

（2）货币资金结构。经查阅，2013~2015 年报的货币资金数据如表 3-5 所示。

表 3-5　*ST 獐岛 2013~2015 年货币资金数据

单位：元

项目 \ 年份	2015	2014	2013
库存现金	888,886.50	588,659.61	446,084.31
银行存款	550,286,503.85	417,951,175.13	448,954,945.99
其他货币资金	28,352,301.92	177,321,610.41	12,372,879.24
合计	579,527,692.27	595,861,445.15	461,773,909.54

从数据分析易知：近三年来货币资金约占到资产总额的 10% 左右，一般而言货币资金的比例在 15%~25%，此比例过高说明企业经营较保守，资金的利用率不高。獐子岛集团货币资金的占有率比通常比例范围较低，说明企业资金链或许有短缺的风险，偿债能力也会较弱。具体可从以下三个方面分析：

其一，分析企业货币资金规模是否适当。獐子岛集团的资产规模和业务收支规模较大，近 10% 的货币资金说明企业能够充分利用多余的货币资金进行其他项目的投资，但是这较低的比例或许会给企业带来一定紧急状况下的资金紧缺。

其二，分析企业货币资金收支过程中内部控制是否完善以及执行质量。经查阅企业近几年年报可知：企业在货币资金的收支方面有严格的规范，能够遵守国家有关的结算政策、现金管理制度、合理的调度资金。因此獐子岛集团在执行质量上比较良好。

其三，分析企业货币资金构成质量。企业的经济业务涉及多种货币，因此，不同货币资金有不同的未来走向，不同货币币值的走向决定了相应货币的质量。对企业的不同货币进行汇率分析，由此来确定企业的货币质量。近年来随着经济全球化和人民币升值的压力，不同货币的汇率都呈现了对货币资金兑换成人民币不利的现象。因此，从这一方面而言，企业的货币资金的质量是有待商榷的。

（3）存货结构。如果存货不能经过销售过程而转变成现金、应收票据或应收账款，那么上市公司不能实现主营业务收入。在对存货静态分析时，我们结合会计报表附注，详细分析存货的结构如表 3-6 所示。

表 3-6　*ST 獐岛 2014~2015 年存货结构

单位：元

项目 \ 年份	2015		2014	
	账面价值	占存货总额（%）	账面价值	占存货总额（%）
原材料	147,386,792.91	9.55	125,781,331.72	7.37
在产品	7,207,796.23	0.47	252,224.89	0.01
库存商品	325,308,742.15	21.08	476,766,014.87	27.93
周转材料	25,140,746.58	1.63	25,244,324.96	1.48
消耗性生物资产	1,034,870,628.69	67.05	1,076,972,864.97	63.10
委托加工物资	3,486,280.15	0.23	1,738,862.32	0.10
合计	1,543,400,986.71	100.00	1,706,755,623.73	100.00

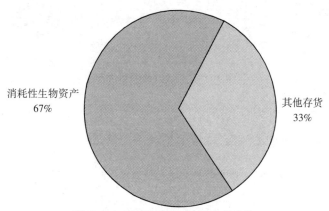

图 3-12　*ST 獐岛 2015 年存货结构

在 *ST 獐岛 2014~2015 年的存货中，消耗性生物资产均占存货比重的 60% 以上。2014 年 10 月的扇贝失踪事件后，消耗性生物资产仍占存货比重的 63.10%，如图 3-12 所示，2015 年的消耗性生物资产占存货比重的 67%。公司的主营产品是虾夷扇贝、海参、鲍鱼、海螺、海胆以及其他行业。这些产品都属于水产品或者是一些副食品，它们都有一个共同点就是非常容易变质，如果商品不能够被顺利销售出去或者发生腐烂现象，将会对企业造成巨大的打击。由于容易受到外界环境的影响，同时其数量众多、养殖环境特殊等特性，消耗性生物资产的控制风险比较高，在进行存货质量控制时必须注意充分考虑消耗性生物资产。因此，存货及其结构应该是调查分析的重点。

（4）应收账款结构分析。

其一，进入哲睿企业经营分析与预测系统，点击经营分析预测按钮，从下拉菜单中选择应收账款分析。弹出如图 3-13 所示。

图 3-13　应收账款分析界面

其二，基于系统应收账款分析，结合 2015 年财务报告的会计报表附注，编制应收账款分析表（见表 3-7、表 3-8 和表 3-9）。

表 3-7　*ST 獐岛 2015 年应收账款债务人结构

单位：元

单位名称	期末余额	占应收账款期末余额的比例（%）	已计提坏账准备
第一名	86,125,344.22	29.92	4,306,267.21
第二名	13,602,474.18	4.73	680,123.71

单位名称	期末余额	占应收账款期末余额的比例（%）	已计提坏账准备
第三名	12,061,792.45	4.19	603,089.62
第四名	12,044,061.08	4.18	12,044,061.08
第五名	9,024,762.55	3.14	451,238.13
合计	132,858,434.48	46.16	18,084,779.75

表 3-8 *ST 獐岛 2015 年按账龄分析法计提坏账准备的应收账款分析

单位：元

账龄	期末余额		
	应收账款	坏账准备	计提比例（%）
1 年以内小计	260,076,954.49	13,003,847.88	5.00
1~2 年	7,105,546.60	710,554.66	10.00
2~3 年	1,834,540.31	366,908.07	20.00
4~5 年	38,298.00	19,149.00	50.00
5 年以上	1,264,726.43	1,264,726.43	100.00
合计	270,320,065.83	15,365,186.04	5.68

表 3-9 期末单项金额重大并单项计提坏账准备的应收账款

单位：元

应收账款 （按单位）	期末余额			
	应收账款	坏账准备	计提比例（%）	计提理由
大连德天易泰科技发展 有限公司	12,044,061.08	12,044,061.08	100.00	公司无其他可执行财产
LA RIOJA LTDA.	4,708,428.19	4,708,428.19	100.00	该公司处于破产保护状态
合计	16,752,489.27	16,752,489.27	—	—

从表 3-7 *ST 獐岛 2015 年应收账款债务人结构可以看出，第一名应收账款金额大约占总金额的 1/3，所占比例不是很高，前五名合计占应收账款的比例为 46.16%，应收账款比较集中，容易进行债务人管理。更重要的是，账龄基本集中在一年内，坏账风险较小。

*ST 獐岛 2015 年 12 月 31 日 "应收账款"（合并数）是 254,955,000 元（应收账款账面价值减去坏账准备）。从图 3-13 界面，我们已经注意到，獐子岛一年以内应收账款 2.6 亿多元，占应收账款总额的 96.21%。结合 2015 年财务报告的

会计报表附注，如表 3-8 所示，本期核销国内客户的应收账款为 16,752,489.27 元。其中大连德天易泰科技发展有限公司 12,044,061.08 元的应收账款和 LA RIOJA LTDA.公司 4,708,428.19 元的应收账款被核销。原因是大连德天易泰科技发展有限公司无其他可执行资产；LA RIOJA LTDA.公司处于破产保护状态。

*ST 獐岛在进行赊销时应该着重注意客户的财务状况和信用程度，以判断客户是否有能力及时归还货款，尽量避免出现坏账。

（5）固定资产结构分析。由表 3-10 可知，*ST 獐岛 2015 年末固定资产合计占资产总额的 27.81%，在建工程占固定资产合计的 1%。由于企业是集生产养殖、生产加工、冷链物流于一体的企业，因此企业在固定资产的利用上很充分，资产质量良好。但是企业内部大部分的固定资产为房屋及建筑物、机器设备、运输工具、船舶设备和通信导航设备等，不具有增值潜力，因此，变现性较差。

表 3-10　*ST 獐岛 2015 年资产负债表固定资产项目

项目	期初余额（元）	占本类别比例（%）	占总类别比例（%）	期末余额（元）	占本类别比例（%）	占总类别比例（%）
固定资产净值	1,291,100,000.00	96.24	26.47	1,247,180,000.00	96.52	27.81
在建工程	50,393,400.00	3.76	1.03	44,916,200.00	3.48	1.00
固定资产合计	1,341,493,400.00	100.00	27.50	1,292,096,200.00	100.00	28.81
资产总计	4,878,240,000.00		100.00	4,485,390,000.00		100.00

表 3-11　*ST 獐岛 2015 年在建工程项目变动情况表

单位：元

项目名称	期初余额	本期增加金额	本期转入金额	期末余额	工程进度（%）	资金来源
金贝广场制冷系统改建		5,363,013.21	5,363,013.21		100.00	其他
荣成食品三期工程厂房	20,657,980.28	500,000.00		20,707,980.28	86.00	其他
荣成食品新宿舍楼	12,155,480.42		12,155,480.42		100.00	其他
合计	32,813,460.70	5,413,013.21	17,518,493.63	20,707,980.28		

如表 3-11 所示，在 2015 年中，獐子岛股份有 17,518,493.63 元的在建工程完工，被转入到固定资产项目中；同时这一年又对在建工程领域投入了 5,413,013.21 元，这之中，金贝广场制冷系统改建的项目投入规模高达 5,363,013.21 元，在

当年所有新投入资金中所占的份额为 99.08%，其也针对这两个项目的资金筹集途径，包括金融机构贷款和其他。獐子岛股份增加固定资产，这些固定资产一部分来源于企业生产运作过程中形成的现金净流量，还有一部分来源于企业开展资金筹集活动所形成的现金净流量。所以，所投资的固定资产项目一定要产生足够规模的收入，只有这样才可以平衡其占用的现金流量净额。

（6）固流结构分析。固流结构是指固定资产与流动资产之间的结构比例。在企业经营规模一定的条件下，如果固定资产存量过大，则会造成固定资产的部分闲置或生产能力利用不足；如果流动资产存量过大，则又会造成流动资产闲置，影响企业的盈利能力。无论以上哪种情况出现，最终都会影响企业资产的利用效果。对企业而言，主要有以下三种固流结构策略可供选择：

其一，适中的固流结构策略。采取这种策略，通常使固定资产存量与流动资产存量的比例保持平均水平。在该种情况下，企业的盈利水平一般，风险程度一般。

其二，保守的固流结构策略。采取这种策略，流动资产比例较高，企业资产的流动性较强，因此降低了企业的风险，但同时也会降低企业的盈利水平。

其三，冒险的固流结构策略。采取这种策略，流动资产比例较低，资产的流动性较低。虽然因为固定资产占用量增加而相应提高了企业的盈利水平，但同时也给企业带来了较大的风险。

第一步，进入哲睿企业经营分析与预测系统，点击财务报表分析按钮，从下拉菜单中选择财务构成图。如图 3-14 所示。

图 3-14　财务构成分析界面

第二步，从"筛选指标"的下拉菜单中选择资产负债表，双击选择流动资产合计和固定资产合计，从"选择图标类型"中选择环形图，从格式选项中选择"显示结构""显示图例"，然后点击图形输出。如图 3-15 所示。

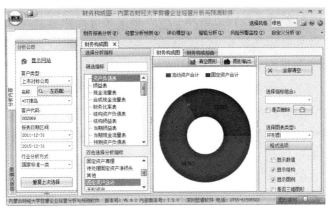

图 3-15　固流结构分析界面

由图 3-15 可知，两者之间的比例为 1：2，*ST 獐岛 2015 年固定资产占资产总额比重为 28.81%，而流动资产比重为 58.44%，说明该公司采取的是保守型的固流结构策略。这种结构是否合理还应结合该公司的行业特点、经营特征等相关信息才能做出正确的判断。

（7）资本结构分析。

第一步，进入哲睿企业经营分析与预测系统，点击财务报表分析按钮，从下拉菜单中选择财务构成图。如图 3-16 所示。

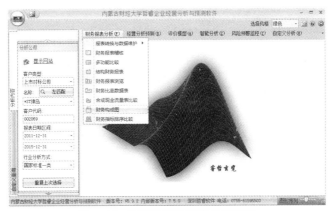

图 3-16　财务比率数据表分析界面

第二步，从"筛选指标"的下拉菜单中选择资产负债表，双击选择负债合计和股东权益合计，从"选择图标类型"中选择环形图，从格式选项中选择"显示结构""显示图例"，然后点击图形输出。如图 3-17 所示。

从图 3-17 来看，2015 年负债占 79.75%，所有者权益占 20.25%，与 2014 年相近。资本结构中负债所占比例较大，公司的财务风险较高。近两年的资本结构比例并无太大变化，说明该公司的资本结构是比较稳定的。

图 3-17　资本结构分析界面

3.3.2　短期偿债能力分析

下面对獐子岛的短期偿债能力进行分析，识别该公司短期偿债能力。

3.3.2.1　系统具体操作

第一步，进入哲睿企业经营分析与预测系统，点击财务报表分析按钮，从下拉菜单中选择财务比率数据表。如图 3-18 所示。

第二步，从"选择类别"的下拉菜单中选择偿债能力分析，如图 3-19 所示。

第三步，点击"输出 excel"，命名文件名后保存，如图 3-20 所示。

第四步，对输出的偿债能力分析数据进行整理，得出 2011~2015 年度的 *ST 獐岛偿债能力分析表，如表 3-12 所示。

图 3-18　财务比率数据表分析界面

图 3-19　偿债能力数据分析界面

图 3-20　偿债能力数据分析输出界面

表 3-12 *ST 獐岛偿债能力指标值

单位：%

财务指标＼时间	2011-12-31	2012-12-31	2013-12-31	2014-12-31	2015-12-31
资产负债率	38.49	48.03	54.07	76.29	79.75
股东权益负债率	62.59	92.34	117.19	317.56	387.71
净现金流量对负债率	5.80	-2.01	-2.31	3.60	-0.45
产权比率	62.59	92.34	117.19	317.56	387.71
流动比率	227.27	162.46	140.59	91.06	112.51
速动比率	65.69	46.05	32.75	34.08	46.26
企业血压	34.30	53.94	67.24	65.91	53.73
货币资金比率	39.45	25.10	18.55	19.89	24.87
营运资金与流动负债比率	162.39	609.56	1,275.53	-232.44	-296.29
即付比率	46.70	27.41	21.08	24.99	49.26
有形净值债务率	71.02	116.47	145.78	537.76	702.08
固定资产权益比率	21.76	25.00	30.81	92.21	139.74
利息保障倍数	1,937.36	448.05	301.97	-976.27	80.04
现金流量比率	15.44	-10.69	1.79	1.86	9.11
易变现率	79.99	85.26	47.34	-5.81	15.40
简化财务杠杆系数	106.89	138.69	170.63	88.64	-178.03
负债经营可行性系数	150.08	193.24	303.75	340.16	-749.98
付息负债比率	29.14	19.94	37.43	67.63	71.48

3.3.2.2 *ST 獐岛短期偿债能力具体分析

（1）流动比率。流动比率是流动资产与流动负债的比值，它表明企业每单位流动负债有多少流动资产作为其支付保障，是衡量企业流动资产变现用于偿还其流动负债的能力。流动比率越大，说明短期债务的清偿能力越强。其计算公式如下：

流动比率 = 流动资产/流动负债 × 100%

国际上一般认为，当生产企业流动比率为 200% 时，其偿债能力是比较充分的，即使企业的流动资产只能实现 50%，也可以满足企业偿还短期债务的需要，这就为企业流动资产在周转过程中实现其价值提供了一个缓冲垫。

如图 3-21 所示，2011~2015 年，*ST 獐岛的流动比率逐年下降。从表 3-13 获知，除了 2011 年流动比率大于 2 之外，2012~2015 年 *ST 獐岛的流动比率都低于 2，并且也低于行业平均值。2014 年的流动比率降到了 1 以下，*ST 獐岛的流动比率下降与其经营不力有关，*ST 獐岛的流动资产逐年下降，而流动负债逐年上升。

表 3-13 流动比率数据

单位：%

项目＼年份	2011	2012	2013	2014	2015
流动比率	227.27	162.46	140.59	91.06	112.51
行业平均值		147.00	125.00	134.00	154.00

图 3-21 *ST 獐岛流动比率曲线

（2）速动比率。流动比率虽然可以用来评价流动资产总体的变现能力，但是一些变现能力较低的流动资产不一定能作为偿还流动负债的物质基础，至少以此偿还流动负债还存在一定的风险。为此，必须采用比流动比率变现能力更强的速动比率指标对企业的短期偿债能力进行评价。

速动比率，又称酸性试验，是企业速动资产与流动资产的比率。速动比率的含义是每 1 元流动负债有多少元速动资产作保障。速动比率指标越高，说明流动性越好，表明企业偿还流动负债的能力越强，债权人的权益或利益越有保障。一般认为，速动比率为 1 比较适宜，此时企业的财务基础较为稳固，有偿债能力；如果速动比率低于 1，偿债能力就较差，该指标越低，企业偿债能力越差。

速动比率的计算公式：

速动比率＝速动资产/流动负债×100%

速动资产是指流动资产中变现能力强，流动性好的资产，如现金、银行存款、应收票据、应收账款、交易性金融资产等，或者从流动资产总额中减去流动性较差的存货等项目后的余额。其公式如下：

速动资产 = 货币资金 + 交易性金融资产 + 应收票据 + 应收账款 + 其他应收款

= 流动资产 – 存货 – 预付款项及其他杂项

如图 3-22 所示，2011~2015 年，*ST 獐岛的速动比率都小于 1，并且都小于行业平均值，体现出 *ST 獐岛短期偿债能力较弱，存在偿债风险。并且 2011~2013 年，*ST 獐岛的速动比率逐年下降，2014~2015 年，*ST 獐岛的速动比率有所上升。但是由于獐子岛 "冷水团" 事件使 2014 年的存货（如图 3-23 所示）极速下降，所以并没有增强其短期偿债能力，反而反映出存货管理和内控管理存在问题。

表 3-14　速动比率数据

单位：%

项目＼年份	2011	2012	2013	2014	2015
速动比率	65.69	46.05	32.75	34.08	46.26
行业平均值		82.00	66.00	72.00	94.00

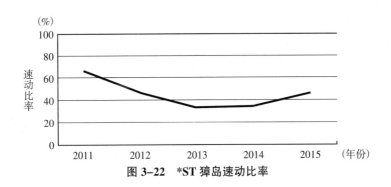

图 3-22　*ST 獐岛速动比率

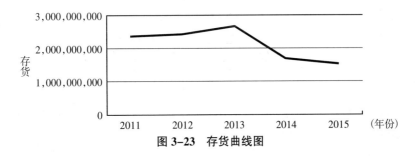

图 3-23　存货曲线图

根据獐子岛"冷水团"事件，虽然速动比率更能反映企业流动负债偿还的安全性和稳定性，但是速动比率反映的是会计期末时点的情况，是一种静态数据分析，并不代表企业整个时期的财务情况，企业为筹措资金可能会人为地粉饰速动比率。所以，速动比率更适用于初步判断企业是否面临偿债风险。而要更准确地衡量企业是否面临偿债风险，必须结合流动比率一起评价。

（3）货币资金率。货币资金率是按货币资金与流动负债之比计算的现金比率。其公式如下：

货币资金率＝货币资金/流动负债×100%

货币资金率是最严格、最稳健的短期偿债能力衡量指标，它反映了企业随时偿还债务的能力。企业为了保证基本的支付能力，保持一定的现金比率是必要的。在运用现金比率分析时，其数值标准一般为20%左右。

在评价企业偿债能力时，一般来说，货币资金率并不是很重要。因为不可能要求企业用现金来偿付全部流动负债，企业也没有必要总是保持足够还债的现金。但是，当发现企业的应收账款和存货的变现能力存在问题时，现金比率就显得很重要了，它的作用是表明在最坏情况下短期偿债的能力如何。

如图 3-24 所示，2011~2013 年，*ST 獐岛的货币资金率都接近 20%，说明 *ST 獐岛是有短期偿债能力的。2011~2013 年，*ST 獐岛的货币资金率呈下降的趋势，2013~2015 年，*ST 獐岛的货币资金率呈上升的趋势，并且 2015 年的货币资金率达 24.87%。

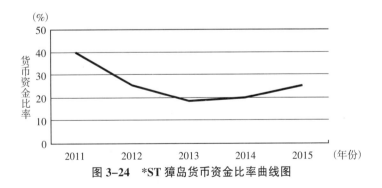

图 3-24　*ST 獐岛货币资金比率曲线图

（4）营运资本。营运资本是流动资产超过流动负债的数额，即企业流动资产与流动负债的差额。其计算公式：

营运资本＝流动资产－流动负债

从上式可以看出，营运资本实际上反映的是流动资产可用于归还和抵偿流动负债后的余额，企业营运资金越多，说明企业可用于偿还流动负债的资金越充足，企业短期偿债能力越强；债权人收回债权的安全性就越高；反之，企业营运资本越少，说明企业短期偿债能力越弱。

营运资本作为衡量企业短期偿债能力的绝对指标，不同企业之间一般不便于用其比较。计算营运资本所采用的流动资产和流动负债额是资产负债表中的期末数，在同一企业做不同期间对比时，也应注意企业生产经营情况的变化和会计报表资料的不可比之处。

如表 3-15 所示，除了 2014 年小于零之外，其他年份都大于零。营运资本作为偿还流动负债的缓冲垫，2011~2013 年的营运资本较大，说明 *ST 獐岛短期偿债能力越强。*ST 獐岛 2014 年的营运资本小于零，是由于"冷水团"事件，存货骤然减少所致。从图 3-25 可知，2011~2013 年，营运资本呈上涨趋势，2014~2015 年，营运资本呈下降趋势。

表 3-15 *ST 獐岛营运资本数据表

单位：元

时间 项目	2011-12-31	2012-12-31	2013-12-31	2014-12-31	2015-12-31
流动资产合计	3,316,560,000.00	3,418,670,000.00	3,499,570,000.00	2,727,750,000.00	2,621,120,000.00
流动负债合计	1,459,260,000.00	2,104,280,000.00	2,489,200,000.00	2,995,410,000.00	2,329,660,000.00
营运资本	1,857,300,000.00	1,314,390,000.00	1,010,370,000.00	-267,660,000.00	291,460,000.00

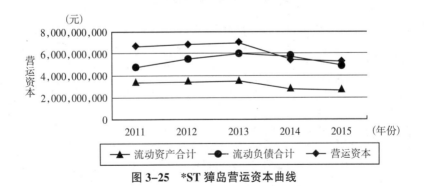

图 3-25 *ST 獐岛营运资本曲线

（5）现金流量比率。现金流量比率是指经营活动现金流量净额与流动负债合计的比率，用来衡量企业的流动负债用经营活动所产生的现金来支付的程度。其计算公式如下：

现金流量比率 = 经营活动现金流量净额/流动负债合计

现金流量比率的大小反映出企业某一会计期间生产经营活动产生现金的能力，是偿还企业到期债务的基本资金来源。当该指标等于或大于1时，表示企业有足够的能力以生产经营活动产生的现金来偿还其短期债务，如果该指标小于1，表示企业生产经营活动产生的现金不足以偿还其短期债务，必须采取对外筹资或出售资产才能偿还债务。

通过该比率分析，可了解维持公司运行、支撑公司发展所需要的大部分现金的来源，从而判别企业财务状况是否良好、公司运行是否健康。一般而言，公司现金流入以经营活动为主，以收回投资、分得股利取得的现金以及银行借款、发行债券、接受外部投资等取得的现金为辅，是一种比较合理的结构。与主营业务收入利润率指标相类似，当经营现金流量比率低于50%时，预警信号产生。

从图3-26可以看出，2011~2015年，*ST獐岛现金流量比率变动幅度大，企业经营并不稳定。表3-16所示，2011~2015年，*ST獐岛现金流量比率都低于50%，而且远低于行业平均值，表示企业生产经营活动产生的现金不足以偿还其短期债务。并且2012年现金流量比率为-10.69%，表明对于企业负债的偿还，完全无法依靠经营活动产生的现金流量，只能依靠企业自有资金的周转，这对于企业的经营是很不利的，而且大大增加了企业的短期资金风险，并对企业的长期发展构成影响。

表3-16   现金流量比率数据表

单位：%

项目＼年份	2011	2012	2013	2014	2015
现金流量比率	15.44	-10.69	1.79	1.86	9.11
行业平均值		41.14	28.92	28.44	32.83

图 3-26　*ST 獐岛现金流量比率曲线

3.3.3　长期偿债能力分析

依据表 3-12，对獐子岛的长期偿债能力进行分析，识别该公司长期偿债能力。

3.3.3.1　资产负债率

资产负债率也称债务比率，是企业债务总额与资产总额的比率，表示企业从债权人处筹集的资金占企业全部资产的比重。计算公式如下：

资产负债率 = 负债总额/资产总额 × 100%

资产负债率是衡量企业负债水平及风险程度的重要标志。企业管理者需要在利润和风险之间取得平衡，确定适当的资产负债率水平。

一般认为，资产负债率的适宜水平是 40%~60%，但并没有一个普适的标准，关键还要结合特定企业的特定环境加以分析。

从图 3-27 可以看出，2011~2015 年，*ST 獐岛资产负债率逐年增加，企业的风险逐年升高。如表 3-17 所示，2013~2015 年，资产负债率远高于行业平均值，而且 2014 年、2015 年的资产负债率都超过了 70%，接近于资不抵债，这说明 *ST 獐岛经营出现了问题以及筹资结构不合理，主要原因是"冷水团"事件影响了股权筹资。

表 3–17　资产负债率数据表

单位：%

项目 ＼ 年份	2011	2012	2013	2014	2015
资产负债率	38.49	48.03	54.07	76.29	79.75
行业平均值		45.18	48.72	43.99	38.92

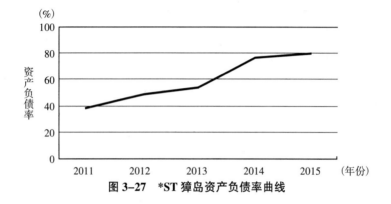

图 3–27　*ST 獐岛资产负债率曲线

3.3.3.2　产权比率

产权比率是负债总额与股东权益总额之间的比率。该指标表明由债权人提供的和由投资者提供的资金来源的相对关系，反映企业基本财务结构是否稳定。产权比率越低表明企业自有资本占总资产的比重越大，从而其资产结构越合理，长期偿债能力越强。其计算公式如下：

产权比率 = 负债总额/所有者权益总额 × 100%

一般认为这一比率为 1∶1，即 100% 以下时，应该是有偿债能力的，但还应该结合企业的具体情况加以分析。

从图 3–28 可以看出，2011~2015 年，*ST 獐岛产权比率逐年增加，企业的财务风险逐年升高。如表 3–18 所示，2013~2015 年，产权比率大于 1，而且 2014 年、2015 年的资产负债率都超过了 3，说明该公司举债经营程度偏高，财务结构不很稳定，所有者权益对偿债风险的承受能力偏低。

3.3.3.3　利息保证倍数

利息保证倍数是指企业生产经营所获得的息税前利润与利息费用的比率。用

表 3–18　产权比率数据表

单位：%

项目＼年份	2011	2012	2013	2014	2015
产权比率	62.59	92.34	117.19	317.56	387.71

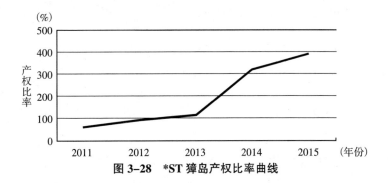

图 3–28　*ST 獐岛产权比率曲线

以衡量偿付借款利息的能力。计算公式如下：

利息保证倍数 =（利润总额+利息费用）/利息费用

其中的"利息费用"是指本期发生的全部应付利息，不仅包括财务费用中的利息费用，还应包括计入固定资产成本中的资本化利息。由于我国现行利润表中的"利息费用"没有单列，而是将其并入"财务费用"项目，外部分析人员可将财务费用视同利息费用。

运用利息保证倍数分析评价企业的长期偿债能力，从静态来看，一般认为该指标至少要大于 1，否则说明企业偿债能力很差，无力举债经营；从动态来看，利息保证倍数提高，说明偿债能力增强，否则说明企业偿债能力下降。另外分析该指标的高与低，还应将本年度利息保证倍数同该企业以往年度以及同一行业的其他企业和该行业的平均指标进行对比。

从图 3–29 可以看出，2011~2015 年，*ST 獐岛利息保证倍数逐年下降，企业的财务风险逐年升高。如表 3–19 所示，2011~2013 年，利息保证倍数大于 1，而

表 3–19　利息保证倍数数据表

单位：%

项目＼年份	2011	2012	2013	2014	2015
利息保障倍数	1,937.36	448.05	301.97	−976.27	80.04

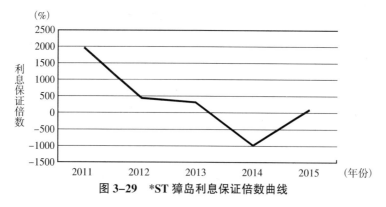

图 3-29　*ST 獐岛利息保证倍数曲线

2014 年的利息保证倍数为负，根本性原因是企业亏损引起的利润总额为负。

3.3.4　营运能力分析

下面对獐子岛的营运能力进行分析，识别该公司营运能力。

3.3.4.1　系统具体操作

第一步，进入哲睿企业经营分析与预测系统，点击财务报表分析按钮，从下拉菜单中选择财务比率数据表，从"选择类别"的下拉菜单中选择营运效率分析，如图 3-30 所示。

图 3-30　营运能力数据分析界面

第二步，点击"输出 Excel"，命名文件名后保存，如图 3-31 所示。

图 3-31　营运能力数据分析输出界面

第三步，对输出的营运能力分析数据进行整理，得出 2011~2015 年的 *ST 獐岛营运能力分析表，如表 3-20 所示。

表 3-20　*ST 獐岛营运能力指标值

单位：%

财务指标 ＼ 时间	2011-12-31	2012-12-31	2013-12-31	2014-12-31	2015-12-31
流动资产周转率	102.34	77.45	75.76	85.5	101.95
存货周转率	95.05	81.79	79.53	104.4	148.05
应收账款周转率	1,518.37	1,514.83	1,454.88	1,318.31	1,009.78
现金比率	36.07	26.23	19.88	17.65	25.22
流动资产占用率	97.71	129.11	131.98	116.95	98.08
商品存货变现能力＿次数	144.22	108.51	102.1	121.25	167.79
固定资产更新率	11.34	12.4	22.91	40.58	3.79
固定资产周转率＿次数	496.36	407.88	348.36	249.6	214.85
总资产周转率	76.05	55.84	51.2	52.23	58.24
销售资金率	112.9	131.06	133.52	102.46	96.12
盈余现金费用率	-13.17	-9.89	-7.75	-16.3	8.85
现金周转率	557.95	472.51	529.49	503.42	463.97
盈余现金保障倍数	16.51	365.34	196.1	-4.03	-129.44

3.3.4.2 *ST 獐岛营运能力具体分析

（1）总资产周转率。总资产周转率是指企业一定时期的主营业务收入与资产总额的比率，它说明企业的总资产在一定时期内（通常为一年）周转的次数。其计算公式如下：

总资产周转率 = 营业收入净额/平均资产总额 × 100%

该指标反映了企业的全部资产在一年内周转了几次，反映企业全部资产的管理质量和利用效率。该指标也可以理解为，企业每占用一元资产在一年内带来了多少营业收入。该指标越高，说明企业利用全部资产进行经营的效率越高。

图 3-32 是对 *ST 獐岛 2011~2015 年总资产周转率指标数据分析的曲线图。可以看出总资产周转率呈先下降后上升的趋势。从表 3-21 可知，2012~2015 年总资产周转率指标低于行业平均值。可见，需要加强资产管理，提高资产利用效率。

表 3-21 总资产周转率数据表

单位：%

项目＼年份	2011	2012	2013	2014	2015
总资产周转率	76.05	55.84	51.20	52.23	58.24
行业平均值		63.07	61.32	66.64	71.00

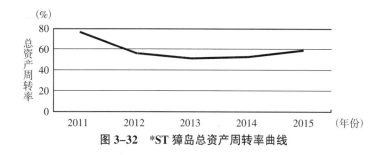

图 3-32 *ST 獐岛总资产周转率曲线

（2）流动资产周转率。流动资产周转率是指企业在一定时期内的营业收入与全部流动资产平均余额的比值，是反映流动资产周转速度的指标，也是综合反映流动资产利用效果的主要指标。其计算公式如下：

流动资产周转率 = 营业收入净额/流动资产平均余额 × 100%

流动资产周转率表示在一定时期内完成几个从资产投入到资产收回的循环，

流动资产的周转次数越多，表明企业以相同的流动资产实现了更多的营业收入，说明流动资产的使用效率比较高。如果流动资产年周转次数降低，则说明企业利用流动资产进行经营活动的能力差，流动资产的使用率低。

图 3-33 是对 *ST 獐岛 2011~2015 年流动资产周转率指标数据分析的曲线图。可以看出流动资产周转率呈先下降后上升的趋势。从表 3-22 可知，2012~2015 年流动资产周转率指标值低于行业平均值。可见，需要加强流动资产管理，提高流动资产利用效率。

表 3-22　流动资产周转率数据表

单位：%

项目＼年份	2011	2012	2013	2014	2015
流动资产周转率	102.34	77.45	75.76	85.5	101.95
行业平均值		110.54	115.98	138.77	150.03

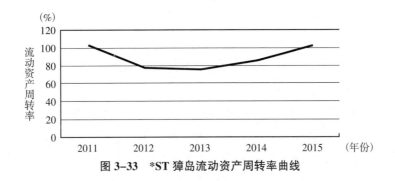

图 3-33　*ST 獐岛流动资产周转率曲线

（3）存货周转率。存货周转率是一定时期内销货或营业成本与平均存货余额的比率。它是反映企业销售能力和存货运营效率的一个指标，是指企业在一定时期内存货占用资金可周转的次数。具体计算公式如下：

存货周转率 = 营业成本/平均存货余额 × 100%

一般来讲，存货周转率的评价标准是存货周转率越高，存货的占用水平越低，流动性越强，存货转换为现金或应收账款的速度就越快。但有些情况下也不是越高越好，因为存货周转率过高，也可能是企业管理方面存在其他一些问题，如降价销售或赊销，存货水平太低，甚至经常缺货，或者采购次数过于频繁，批量太小等。

图 3-34 是对 *ST 獐岛 2011~2015 年存货周转率指标数据分析的曲线图。可以看出 2013~2015 年存货周转率呈上升的趋势。从表 3-23 可知，2015 年存货周转率指标值为 148.05%，说明存货一年可以周转 1.4805 次，或者说一年卖出存货的 1.4805 倍。

表 3-23　存货周转率数据表

单位：%

项目 ＼ 年份	2011	2012	2013	2014	2015
存货周转率	95.05	81.79	79.53	104.4	148.05

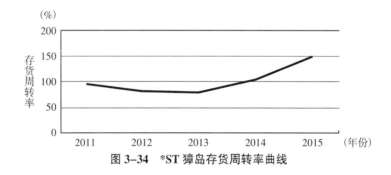

图 3-34　*ST 獐岛存货周转率曲线

（4）应收账款周转率。应收账款周转率是指商品赊销收入或营业收入净额与应收账款平均余额的比率，它表示企业应收账款在一定时期内（通常为一年）的周转次数，是衡量企业应收账款变现速度的指标。具体计算公式如下：

应收账款周转率 = 营业收入净额/应收账款平均余额 × 100%

一定时期内，企业的应收账款周转率越高，周转次数越多，说明企业应收账款回收速度越快，企业应收账款的管理效率越高，资产流动性越强，短期偿债能力越强。另外，较高的应收账款周转率可有效地减少坏账损失和收账费用，从而相对增加企业流动资产的收益能力。

从图 3-35 可以看出，2012~2015 年应收账款周转率呈下降的趋势。从表 3-24 可知，2015 年应收账款周转率指标值为 1009.78%，说明应收账款一年被企业周转了 10.098 次。

表 3-24 应收账款周转率数据表

单位：%

项目 \ 年份	2011	2012	2013	2014	2015
应收账款周转率	1,518.37	1,514.83	1,454.88	1,318.31	1,009.78

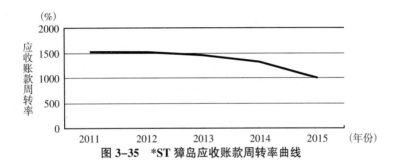

图 3-35 *ST 獐岛应收账款周转率曲线

‖ 第 4 章 ‖
利润表分析

4.1　实训目的

使学生掌握利润表分析的基本方法，提高实际操作和分析能力。能够运用利润分析方法对企业利润的形成进行总体分析评价；能够运用财务分析基本方法对影响利润形成的主要项目进行分析评价。能够运用利润分析方法对资产获利能力、收入盈利能力、成本费用获利能力、股东获利能力、增长能力进行分析和评价。

4.2　背景知识

4.2.1　重点利润表项目分析

《企业会计准则第 30 号——财务报表列表》规定了利润表至少应当单独列示反映下列信息的项目：营业收入、营业成本、营业税金、管理费用、销售费用、财务费用、投资收益、公允价值变动损益、资产减值损失、非流动资产处置损益、所得税费用、净利润。重点利润表项目分析针对利润表列示的某些重点项目进行分析。这些项目主要有营业收入、营业成本、营业税金、管理费用、销售费用、财务费用、资产减值及营业利润等。

4.2.2　资产盈利能力分析

资产盈利能力是指企业运用资产获取利润的能力，即每一元资产投入能获取多少利润的能力。企业开展生产经营活动必须具有一定数量的资产，并通过资产的运营周转创造利润。在一定时期，占用和耗费的资产越少，获取的利润越大，说明企业资产盈利能力越强，经济效益越好。资产盈利能力分析有助于了解企业资产盈利能力是否高于社会平均资产利润率或行业资产利润率，因为只有高于社会平均资产利润率，企业才有发展前景，才能吸引更多的投资者投资。同时，还可以反映企业管理者的经营管理水平。衡量资产盈利能力的指标主要有流动资产利润率、固定资产利润率、总资产报酬率等。

4.2.2.1　流动资产利润率

流动资产利润率是指企业的利润总额与流动资产平均占用额之间的比率，其计算公式如下：

流动资产利润率 = 利润总额/流动资产平均占用额 × 100%

其中：

流动资产平均占用额 = (期初流动资产占用额 + 期末流动资产占用额)/2

流动资产利润率反映了流动资产投入与产出的关系，通过与行业平均水平相比，可以进一步了解企业流动资产盈利能力的高低和使用效率。根据公式计算可知，流动资产利润率受利润总额和流动资产平均占用额两个因素的影响。在流动资产规模不变的情况下，利润额越多，说明流动资产盈利能力越强；在利润额不变的情况下，流动资产占用额越少，说明流动资产盈利能力也越强。

4.2.2.2　固定资产利润率

固定资产利润率是指利润总额与固定资产平均值之间的比率，其计算公式如下：

固定资产利润率 = 利润总额/固定资产平均净额 × 100%

其中：

固定资产平均净额 = (期初固定资产净额 + 期末固定资产净额)/2

固定资产净额 = 固定资产原值 - 累计折旧 - 固定资产减值准备

固定资产利润率反映了固定资产投入与产出的关系，通过与行业平均水平相比，可以进一步了解企业固定资产盈利能力的高低和使用效率。根据其计算公式可知，固定资产利润率受利润总额和固定资产平均净额两个因素的影响。在固定资产平均净额不变的条件下，利润总额越大，固定资产盈利能力越强；在利润总额不变的条件下，企业占用的固定资产平均净额越低，固定资产盈利能力越强。

但是，企业前后时期折旧政策的不同和减值准备政策的不同，会影响固定资产净额的大小，从而影响固定资产利润率的高低。由于会计处理政策的变动引起固定资产利润率的变化并不能真实反映企业固定资产的使用效率，在与同行业进行对比分析时，同样需要剔除会计处理政策不同的影响。

4.2.2.3　总资产报酬率

总资产报酬率又叫资产所得率、总资产回报率，是企业息税前利润加利息支出与全部资产平均额之间的比率，其传统计算公式如下：

总资产报酬率 =（息税前利润 + 利息支出）/平均总资产 × 100%

其中：

平均总资产 =（期初资产总额 + 期末资产总额）/2

息税前利润是指未扣除利息费用的税前利润，利息费用是指本期发生的全部应付利息额，理论上讲，应该包括费用化的利息支出和资本化的利息支出，但由于很难获取资本化的利息支出数据，故通常以费用化的利息净支出来代替。

总资产报酬率反映企业全部资产获取利润的水平，是评价企业资产综合利用效果和企业总资产获利能力的核心指标。该指标越高，表明企业投入产出的水平越好，企业的资产运营越有效。

从计算公式可以看出，总资产报酬率主要受企业总资产规模和息税前利润、利息费用的影响。在平均总资产规模不变的情况下，息税前利润和利息费用之和越多，说明总资产使用效率越高，总资产报酬率就越高；在息税前利润和利息费用之和不变的情况下，占用的总资产平均额越少，说明总资产使用的效率越高，总资产报酬率就越高。因此，可以采取以下途径提高总资产报酬率：①优化资产结构，减少资产闲置，加强对资产的日常管理；②通过有效的产品销售策略，增加营业收入，有效控制成本费用的开支，不断提高企业的利润。

同样，利用该指标评价企业盈利能力时，还需要结合历史标准、预期计划或同行业其他企业的标准进行比较。

4.2.3 收入盈利能力分析

收入盈利能力是指企业在生产经营过程中通过取得销售收入赚取利润的能力，即每一元营业收入能为企业贡献多少利润。企业的利润主要来源于企业的营业利润，收入盈利能力分析就是要通过利润与收入之间的对比，对企业盈利能力进行评价，本书中使用的指标主要是销售毛利率和销售利润率。

4.2.3.1 销售利润率

销售利润率的计算公式如下：

销售利润率 = 利润总额/营业收入 × 100%

从销售利润率的计算公式可以看出，销售利润率的高低主要受营业收入和利润总额的影响，因此，提高销售利润率可以采用两种方法：一种是在营业收入不变的情况下，尽可能提高利润总额；另一种是在利润总额不变的情况下，降低营业收入。而利润总额的大小主要取决于当期的营业收入和营业成本，同时还受到营业税金及附加、期间费用、资产减值损失、公允价值变动、投资收益、营业外收支及所得税费等项目的影响。因此，从根本上来看，一方面要提高营业收入，另一方面要加强成本控制，尽可能减少营业外支出。

4.2.3.2 销售毛利率

销售毛利率又称营业毛利率，是销售毛利与营业收入净额的比值。其计算公式如下：

销售毛利率 = 销售毛利/营业收入净额 × 100%

将公式展开可以得到：

销售毛利率 = (营业收入净额 − 营业成本)/营业收入净额 × 100%

其中，毛利是企业的营业收入扣除营业成本后的差额，表示营业收入补偿营业成本后，有多少剩余可用于支付各项期间费用和抵偿各种损失，反映企业生产环节效率的高低。

根据毛利率的计算公式可知，提高毛利率的关键在于提高毛利，即在营业收入不变的情况下，尽可能降低营业成本；或是在营业成本不变的情况下，尽可能提高营业收入。不管是哪种方式，都对企业管理者提出了更高的要求，因此，销售毛利率是衡量管理者经营业绩的指标之一。如果销售毛利率连续不断地提升，就说明企业产品市场需求强烈，产品竞争力不断增加；反之，销售毛利率连续下跌则说明企业在走下坡路。如果营业毛利率发生较大的变化，应该引起管理者的警觉。另外，营业毛利率波动很大，要注意企业是否通过虚报销售收入和隐瞒销售成本来虚增利润的情形。

销售毛利率具有明显的行业特点。一般地，营业周期短、固定费用低的行业销售毛利率比较低，比如商品零售企业；反之，营业周期长、固定费用高的行业则具有较高的销售毛利率，以弥补巨大的固定成本，比如大型机械、设备生产企业。一般情况下，同一行业的销售毛利率差距不会太大。在分析销售毛利率时，需要结合企业以前年度以及同行业平均水平作为参考，分析影响销售毛利率变动的原因，并找出提高销售毛利率的途径。

4.2.4　成本费用获利能力分析

成本费用获利能力反映了企业投入产出的水平，即所得与所费的比率，体现了增加利润是以降低成本费用为基础的。反映成本费用获利能力的指标有好多，这些指标的数值越高，表明生产和销售产品的每一元成本及费用取得的利润越多，劳动耗费的效益越高；反之，则说明每耗费一元成本及费用实现的利润越少，劳动耗费的效益越低。本书中只介绍全部成本费用总利润率这一指标的分析方法和过程。

全部成本费用总利润率是指企业一定期间实现的利润总额与投入的成本、费用总额的比率，表示每付出一元投入可获得的利润。其计算公式：

全部成本费用总利润率 = 利润总额/(营业成本 + 管理费用 + 财务费用 + 销售费用)

该指标越大越好，因为全部成本费用总利润率越大，则意味着同样的成本费用能取得更多的利润，或者说取得同样的利润只要花费更少的成本费用，表明企业的盈利能力越强。

在分析全部成本费用总利润率时也应参考同行业的平均水平，进行客观的分析，从而得出正确的分析结果，提高企业的成本费用率，增强盈利能力。

4.2.5 股东获利能力分析

上市公司的盈利能力对公司股价的影响是股东关注的焦点，因此，对上市公司的盈利能力分析显得很重要，股东获利能力的强弱主要通过每股收益、每股净资产和市盈率等指标来反映。

4.2.5.1 每股收益

每股收益又称每股税后利润、每股盈余，表示普通股股东每股所能享有的企业净利润或需要承担的企业净亏损。根据计算方法不同，又分为基本每股收益和稀释每股收益两种。基本每股收益计算公式为：

$$\text{发行在外的普通股股数} = \text{期初发行在外普通股股数} + \text{当期新发行普通股股数} \times \frac{\text{已发行时间}}{\text{报告期时间}} - \text{当期回购普通股股数} \times \frac{\text{已发行时间}}{\text{报告期时间}}$$

当存在稀释性潜在普通股，如可转换债券、认股权证和股份期权等时，应当计算稀释每股收益。稀释每股收益是以基本每股收益为基础，假设所有发行在外的稀释性潜在普通股均已转换为普通股，在对归属于普通股股东的当期净利润以及发行在外普通股的加权平均数进行调整的基础上计算而得的。如果不存在潜在普通股，稀释每股收益等于基本每股收益。

4.2.5.2 市盈率

市盈率又叫价格与收益比率，是指普通股的每股市价与每股收益之间的比率，反映了投资人对每元净利润所愿支付的价格，可以用来估计股票的投资报酬和风险，其计算公式如下：

市盈率 = 普通股每股市价/普通股每股收益 × 100%

一般来说，该指标越低，表明该股票的投资价值风险越小，取得同样的盈利额所需要的投资额越小，相对来说，投资价值也就越大。但也不能一概而论，有时市盈率越低，表明该公司前景欠佳，投资者对其没有太大的信心，不愿意承担较大的风险，因而，股票价格低迷；市盈率高，表明投资者普遍持乐观态度，对公司前景充满了信心，愿意为其承担较大的风险，以期获取较大的未来收益。但也不能绝对化，特别是当股票市场未健全、交易失常或存在操纵市场的情况下，股票市场价格可能与它的每股收益严重脱节。在这种情况下，如果盲目根据市盈率判断公司前景十分美好而购进股票，那就要冒很大的风险，一旦假象消失，市场回复正常，就可能遭受严重损失。

4.2.5.3　每股净资产

每股净资产又称为每股账面价值，是指公司净资产与发行在外的普通股股份之间的比率。其计算公式：

每股净资产 = 年末股东权益/年末普通股股数

该项指标显示了发行在外的每一普通股股份所能分配的企业账面净资产的价值。这里所指的账面净资产是指企业账面上的总资产减去负债后的余额，即股东权益总额。它反映每一股份于会计期末在企业账面上到底值多少钱。每股净资产越高，股东拥有的资产现值越多；每股净资产越少，股东拥有的资产现值越少。

4.2.6　增长能力分析

增长能力又叫发展能力，是指企业在生存的基础上，不断扩大规模、提高收益、提升企业价值的潜能，包括资产、利润、收入以及股东权益的发展能力。

企业发展能力分析的内容可分为以下两部分：

4.2.6.1　企业单项发展能力分析

企业要获得增长，就必须依赖于股东权益、利润、收入和资产等方面的不断增长。企业单项发展能力分析就是通过计算和分析股东权益增长率、利润增长率、收入增长率、资产增长率等指标，分别衡量企业在股东权益、利润、收入、资产等方面所具有的发展能力，并对其在股东权益、利润、收入、资产等方面所具有的发展趋势进行评估。

4.2.6.2　企业整体发展能力分析

企业要获得可持续增长，就必须在股东权益、利润、收入和资产等各方面谋求协调发展。企业整体发展能力分析就是通过对股东权益增长率、利润增长率、收入增长率、资产增长率等指标进行相互比较与全面分析，综合判断企业的整体发展能力。

（1）股东权益增长率。股东权益增长率反映了股东财富的增加，它是本期股东权益增加额与股东权益期初余额之比，也叫作资本积累率，其计算公式如下：

股东权益增长率＝本期股东权益增加额/股东权益期初余额×100%

股东权益增长率反映了股东投入企业资本的保全程度和增长能力，股东权益增长率越高，表明企业本期资本积累得越多，股东权益增加得越多；反之，股东权益增长率越低，表明企业本期资本积累得越低，股东权益增加得越少。

（2）净利润增长率。净利润是企业利润总额扣除所得税后的余额，是当年实现的可供分配的净收益，体现了企业在一定时期内的经营成果。净利润是衡量一个企业经营效益的重要指标，当期实现的净利润越多，表明企业的经营效益越好；反之，越差。

净利润的增长是企业成长性的基本表现。净利润增长率是指企业本期净利润增加额与上期净利润之间的比率，其计算公式如下：

净利润增长率＝本期净利润增加额/上期净利润×100%

＝（本期净利润－上期净利润）/上期净利润×100%

需要说明的是，如果上期净利润为负值，则应取其绝对值代入公式进行计算。该公式反映的是企业净利润增长情况，净利润增长率越大，说明企业收益增长得越多，企业发展前景越好。净利润增长率为正数，说明企业本期净利润增加；净利润增长率为负数，则说明企业本期净利润减少，收益降低。

（3）收入增长率。收入增长率是指企业本期营业收入增加额与上期营业收入额的比率，其计算公式如下：

收入增长率＝本期营业收入增加额/上期营业收入×100%

＝（本期营业收入－上期营业收入）/上期营业收入×100%

收入增长率反映了企业当期销售收入的增减变动情况，收入增长率越高，说明企业销售收入增长得越快，销售情况越好。收入增长率为正数，则说明企业本期销售收入增加，产品受到消费者的青睐，市场前景良好。收入增长率为负数，则说明企业销售规模减小，销售情况较差，意味着企业市场份额在萎缩，或是存在产品质量欠佳、售后服务不好等问题。

（4）资产增长率。资产增长率又叫总资产扩张率，是指本期资产增加额与期初资产总额的比值，其计算公式如下：

$$资产增长率 = 本期资产增加额/期初资产总额 \times 100\%$$
$$= (本期资产总额 - 期初资产总额)/期初资产总额 \times 100\%$$

资产增长率反映了企业资产总量投入的扩张能力，资产增长率越大，表明资产规模增加幅度越大。资产增长率为正数，说明企业本期资产规模增加；资产增长率为负数，则说明企业本期资产规模缩减。

4.3　实训项目

4.3.1　重点利润表项目分析

4.3.1.1　利润表项目各指标获取

（1）初始数据录入。初始数据录入是任何指标录入的第一步，打开哲睿软件，客户类型选择默认的上市对标公司，输入要分析的公司名称或代码后点击左匹配，查找公司，在名称下的下拉菜单中找到并选择该公司，输入报表日期区间（起始日期和终止日期）。

图 4-1　数据输入

（2）利润表各项目指标的获取。点击财务报表分析下拉菜单，找到多功能比较菜单，点击进入该菜单，比较类型选择实际数值，指标确认栏比较类型选择定比（或环比），选择损益表，勾选相关项目，主要包括营业收入、营业成本、营业税金及附加、管理费用、财务费用、销售费用、资产减值损失、投资收益和营业利润，点击指标确认，报表日期分别勾选 2011 年 12 月 31 日~2015 年 12 月31 日各个日期，点击数据显示，屏幕中央会出现损益表的各项选定指标及选定年份该指标的数值。点击计算比较值、绝对比较值和相对比较值，如图 4-2 所示。

图 4-2　利润表项目录入

如果觉得计算出来的数据太多，可以进行操作删除某些行或列，得到你想要的数据（如图 4-3、图 4-4 所示）。

图 4-3　利润表项目数据整理

指标名称	2012	2013	2014	2015
营业收入	−11.2%	−10.78%	−9.37%	−7.17%
营业成本	1.56%	5.45%	18.4%	24.28%
营业税金及附加	2.02%	−19.4%	−34.46%	−46.81%
销售费用	15.14%	23.94%	25.45%	13.25%
管理费用	26.1%	14.06%	38.4%	33.96%
财务费用	25.93%	108.76%	287.63%	336.72%
资产减值损失	838.02%	232.71%	7,564.43%	838.27%
投资收益	−14.49%	−34.35%	−65.28%	−23.36%
营业利润	−77.4%	−87.01%	−199.81%	−149.52%

图 4-4　利润表项目分析

计算出来的相关数据可以进行输出，点击"输出 Excel"，会弹出存盘信息，如图 4-5 所示。

图 4-5　输出信息存盘

4.3.1.2　利润表项目分析

（1）营业收入分析。由 *ST 獐岛公司图 4-3、图 4-4 的相关数据可见，2012~2015 年公司的营业收入在逐渐增加，呈小幅上升趋势，但是 2012 年以后各年营业收入的数值均小于 2011 年的营业收入。和 2011 年比较，2012~2015 年的营业收入增长率分别为-11.2%、-10.78%、-9.37%、-7.17%。

（2）营业成本分析。2011~2015 年，公司的营业成本逐年上升，和 2011 年比较，2012~2015 年营业成本增长率分别为 1.56%、5.45%、18.4%、24.28%，2012 年及以后三年内的营业成本均大于 2011 年的营业成本。可见营业成本增长速度较大，超过了营业收入的增长速度。尤其是 2014 年和 2015 年营业成本增幅过高，说明公司的营业成本控制存在问题，进一步查找相关资料发现，2014 年，公司对部分海域底播虾夷扇贝存货核销及计提存货跌价准备，对 105.64 万亩海域成本为 73,461.93 万元的底播虾夷扇贝存货放弃本轮采捕，进行核销处理，对 43.02 万亩海域成本为 30,060.15 万元的底播虾夷扇贝存货计提跌价准备 28,305 万元，扣除递延所得税影响 25,441.73 万元，合计影响净利润 76,325.2 万元，全部计入 2014 年第三季度。

（3）营业税金及附加分析。营业税金及附加增长速度先小幅度增加后大幅度下降，和 2011 年比较，2012~2015 年营业税金及附加的增长速度分别为 2.01%、-19.4%、-34.46%、-46.81%，2014 年和 2015 年营业税金及附加的下降速度过快，主要原因也是受 2014 年"冷水团"事件影响。

（4）管理费用、财务费用及销售费用分析。管理费用增长速度和销售费用增长速度都表现为先升高后下降的趋势，以 2011 年为基期，2012~2015 年的定基管理费用增长速度和定基销售费用增长速度分别为 26.1%、14.06%、38.4%、33.96% 和 15.14%、23.94%、25.45%、13.25%。变化最大的年度是 2015 年，财务费用增加的主要原因是"冷水团"事件给公司的收益造成了巨大损失，需要筹集大量借款，因此导致财务费用大幅上涨。销售费用增长原因除受"冷水团"事件影响外还需要进行详细的分析。

（5）资产减值分析。资产减值损失先下降后上升，以 2011 年为基期，2012~2015 年的资产减值增长速度分别为 838.02%、232.71%、7564.43%、838.27%，2014 年资产减值增长速度高达 7564.43%，主要的原因是受"冷水团"事件影响 2014 年公司对部分海域底播虾夷扇贝存货核销及计提存货跌价准备。

（6）营业利润分析。公司的营业利润逐年下降，以 2011 年为基期，2012~2015 年公司的营业利润下降速度分别为-77.4%、-87.01%、-199.81%、-149.52%，其中 2014 年营业利润下降速度最大，由图 4-3 可知，在 2014 年和 2015 年营业利润甚至出现了负值，分别亏损了 620,695,000 元和 307,961,000 元。导致营业利润巨额下降的原因主要是营业成本、管理费用、销售费用和资产减值增长的幅度超过营业收入增长的幅度，营业税金及附加虽下降幅度较大，但因其基数较小对营业利润的影响不大。

4.3.2　资产盈利能力分析

4.3.2.1　流动资产利润率

（1）指标获取。

其一，流动资产利润率指标获取。首先，输入初始数据，然后点击财务报表下拉菜单，选取多功能比较菜单，比较类型选择实际数值，客户名称或代码输入 *ST 獐岛代码 002069，点击模糊查询，比较报表日期选择 2011~2015 年各年期末数值（如 2015 年 12 月 31 日），指标确认栏左边下拉菜单选择财务比率表，在财务比率表的列示项目中勾选流动资产利润率，点击指标确认，点击数据显示后即得到选定年份 *ST 獐岛的流动资产利润率数据。

图 4-6　流动资产利润率数据输入

其二，同行业流动资产利润率指标获取。同行业流动资产利润率指标的获取和上文中 *ST 獐岛流动资产利润率指标的获取方法基本相同，输入初始数据，然后点击财务报表下拉菜单，选取多功能比较菜单，比较类型选择行业平均值，客户名称或代码选择农林牧渔业，比较报表日期选择 2011~2015 年各年期末数值（如 2015 年 12 月 31 日），指标确认栏左边下拉菜单选择财务比率表，在财务比率表的列示项目中勾选流动资产利润率，点击指标确认，点击数据显示后即得到选定年份农林牧渔行业的流动资产利润率数据（见图 4-7）。

报表名称	指标名称	农林牧渔 2011-12-31	农林牧渔 2012-12-31	农林牧渔 2013-12-31	农林牧渔 2014-12-31	农林牧渔 2015-12-31	*ST獐岛 2011-12-31	*ST獐岛 2012-12-31	*ST獐岛 2013-12-31	*ST獐岛 2014-12-31
财务比率表	流动资产利润率	11.17%	6.19%	2.76%	0.14%	-1,910.01%	19.51%	3.73%	3.3%	-42.36%
财务比率表	流动资产利润率						19.51%	3.73%	3.3%	-42.36%

图 4-7　流动资产利润率初始数据

也可以重复上述操作选取 *ST 獐岛的流动资产利润率指标，将两个指标放在一起进行比较更加一目了然，但是需要删除某些列的数据，整理后见图 4-8。

报表名称	指标名称	2011-12-31	2012-12-31	2013-12-31	2014-12-31	2015-12-31
*ST 獐岛	流动资产利润率	19.51%	3.73%	3.3%	-42.36%	-2.26%
农林牧渔	流动资产利润率	11.17%	6.19%	2.76%	0.14%	-1,910.01%

图 4-8　流动资产利润率

（2）流动资产利润率分析。

其一，*ST 獐岛流动资产利润率分析。由图 4-8 可得 2011 年 *ST 獐岛的流动资产利润率为 19.51%，2012 年下降到 3.73%，2013 年为 3.3%，2014 年为 -42.36%，2015 年为 -2.26%，可以看出，2011~2013 年 *ST 獐岛的资产利润率一直在降低，2014 年和 2015 年资产利润率出现了负数，主要原因是 2014 年和 2015 年受"冷水团"影响公司的平均总利润为负值。可见公司流动资产的盈利能力大幅下降，流动资产的使用效率降低。

其二，同行业流动资产利润率比较分析。由图 4-8 可知，除 2011 年和 2013 年 *ST 獐岛的流动资产利润率高于同行业水平外，其他年份的流动资产利润率均低于同行业水平。其中 2015 年 *ST 獐岛和农林牧渔行业的流动资产利润率均为负值，不具可比性。由此可见，*ST 獐岛的流动资产利润率很低，和同行业平均水平相比仍然有差距。

4.3.2.2　固定资产利润率

（1）指标获取。

其一，固定资产利润率指标获取。固定资产利润率的数据录入过程和前面流动资产利润率的数据录入过程完全相同，首先，输入初始数据，然后点击财务报表下拉菜单，选取多功能比较菜单，比较类型选择实际数值，客户名称或代码输入 *ST 獐岛代码 002069，点击模糊查询，比较报表日期选择 2011~2015 年各年期末数值（如 2015 年 12 月 31 日），指标确认栏左边下拉菜单选择财务比率表，在财务比率表的列示项目中勾选固定资产利润率，点击指标确认，再点击数据显示后即得到选定年份 *ST 獐岛的固定资产利润率数据（见图 4-9）。

报表名称	指标名称	*ST 獐岛 2011-12-31	*ST 獐岛 2012-12-31	*ST 獐岛 2013-12-31	*ST 獐岛 2014-12-31	*ST 獐岛 2015-12-31
财务比率表	固定资产利润率	0.9288	0.1755	0.1194	-1.0747	-0.046

图 4-9　固定资产利润率

其二，同行业固定资产利润率指标获取。同行业固定资产利润率指标的获取和上文中 *ST 獐岛固定资产利润率指标的获取方法基本相同，首先，输入初始数据，然后点击财务报表下拉菜单，选取多功能比较菜单，比较类型选择行业平均值，客户名称或代码选择农林牧渔业，比较报表日期选择 2011~2015 年各年期末数值（如 2015 年 12 月 31 日），指标确认栏左边下拉菜单选择财务比率表，在财务比率表的列示项目中勾选固定资产利润率，点击指标确认，点击数据显示后即得到选定年份农林牧渔行业的固定资产利润率数据（见图 4-10）。

报表名称	指标名称	农林牧渔 2011-12-31	农林牧渔 2012-12-31	农林牧渔 2013-12-31	农林牧渔 2014-12-31	农林牧渔 2015-12-31
财务比率表	固定资产利润率	58.18%	197.42%	107.22%	59.53%	-6,644.16%

图 4-10　同行业固定资产利润率

（2）固定资产利润率分析。

其一，*ST 獐岛固定资产利润率分析。由图 4-9 可知，2011~2015 年 *ST 獐岛固定资产利润率逐年下降，2011 年固定资产利润率高达 92.88%，2012 年固定资产利润率为 17.55%，2013 年固定资产利润率为 11.94%，2014 年和 2015 年固定资产利润率转为负值，分别是 -107.47% 和 -4.6%。固定资产利润率变动较大。这说明 *ST 獐岛固定资产的盈利能力越来越差，固定资产的利用率较低。和流动资产利润率比较，发现公司 2011~2013 年的固定资产利润率均大于流动资产利润率，2011~2013 年，固定资产利润率是流动资产利润率的 4.8 倍左右。说明公司固定资产投入偏低，流动资产投入偏高。同时，应结合行业平均水平进行分析。

其二，同行业固定资产利润率比较分析。比较图 4-9 和图 4-10 可知，2011 年 *ST 獐岛固定资产利润率为 92.88%，高于同行业固定资产利润率 58.18%，2012~2014 年 *ST 獐岛的固定资产利润率远远低于农林牧渔行业的固定资产利润率。这说明 *ST 獐岛的固定资产利润率远低于同行业水平。同时发现，农林牧渔行业的固定资产利润率均高于流动资产利润率，因此，*ST 獐岛的固定资产利润率高于流动资产利润率属于正常现象，这属于行业特征。

4.3.2.3　总资产报酬率

软件中计算总资产报酬率的公式和理论公式稍有不同，公式如下：

总资产报酬率 = (净利润 + 所得税 + 财务费用)/平均总资产 × 100%

和上面计算总资产报酬率的公式比较可知，两个公式只有一个地方稍有不同，就是分子中的利息费用变成了财务费用，因为利息费用和财务费用相差不大。两种算法计算出的总资产报酬率的数值大小会有所不同，但对分析结果影响不大，因此，在本书中，总资产报酬率按照软件中的计算方法进行计算。

（1）指标获取。

其一，总资产报酬率指标获取。首先，输入初始数据，然后点击财务报表下拉菜单，选取多功能比较菜单，比较类型选择实际数值，比较报表日期选择 2011~2015 年各年期末数值（如 2015 年 12 月 31 日），指标确认栏左边下拉菜单选择财务比率表，在财务比率表的列示项目中勾选总资产报酬率，点击指标确认，点击数据显示后即得到选定年份 *ST 獐岛的总资产报酬率数据（如图 4-11 所示）。

报表名称	指标名称	*ST 獐岛 2011-12-31	*ST 獐岛 2012-12-31	*ST 獐岛 2013-12-31	*ST 獐岛 2014-12-31	*ST 獐岛 2015-12-31
财务比率表	总资产报酬率	15.5%	3.73%	3.8%	-22.94%	2.3%

图 4-11　总资产报酬率

其二，行业总资产报酬率指标获取。同行业总资产报酬率指标的获取和上文中 *ST 獐岛总资产报酬率指标的获取方法基本相同，首先，输入初始数据，然后点击财务报表下拉菜单，选取多功能比较菜单，比较类型选择行业平均值，客户名称或代码选择农林牧渔业，比较报表日期选择 2011~2015 年各年期末数值（如 2015 年 12 月 31 日），指标确认栏左边下拉菜单选择财务比率表，在财务比率表的列示项目中勾选总资产报酬率，点击指标确认，点击数据显示后即得到选定年份农林牧渔行业的总资产报酬率数据（如图 4-12 所示）。

报表名称	指标名称	农林牧渔 2011-12-31	农林牧渔 2012-12-31	农林牧渔 2013-12-31	农林牧渔 2014-12-31	农林牧渔 2015-12-31
财务比率表	总资产报酬率	7.53%	5.82%	4.61%	3.21%	-80.75%

图 4-12　行业总资产报酬率

（2）总资产报酬率分析。

其一，*ST 獐岛总资产报酬率分析。由图 4-11 可以看出，2011~2013 年*ST 獐岛的总资产报酬率逐年下降，其中 2011 年总资产报酬率为 15.5%，2012 年总资产报酬率为 3.73%，变动较大，2013 年总资产报酬率为 3.8%，和 2012 年比浮动不大，但是 2012 年和 2013 年的总资产报酬率较低，2014 年和 2015 年总资产报酬率为负值，说明公司亏损。

其二，总资产报酬率同行业比较分析。由图 4-12 可知，2011 年农林牧渔行业的总资产报酬率为 7.53%，2012 年农林牧渔行业的总资产报酬率为 5.82%，2013 年农林牧渔行业的总资产报酬率为 4.61%，2014 年农林牧渔行业的总资产报酬率为 3.21%，2015 年农林牧渔行业的总资产报酬率为-80.75%。

比较图 4-11 和图 4-12 可得，除 2011 年和 2015 年外，*ST 獐岛其他年份的总资产报酬率均低于同行业平均水平。其中 2014 年和 2015 年公司的总资产报酬率为负值，处于亏损状态。这说明 *ST 獐岛总资产报酬率逐年下降，总资产的获利能力低于同行水平，公司的获利能力越来越差。

4.3.3　收入盈利能力分析

4.3.3.1　销售利润率

（1）指标获取。

其一，*ST 獐岛销售利润率指标获取。首先，输入初始数据，然后点击财务报表下拉菜单，选取多功能比较菜单，比较类型选择实际数值，比较报表日期选择 2011~2015 年各年期末数值（如 2015 年 12 月 31 日），指标确认栏左边下拉菜单选择财务比率表，在财务比率表的列示项目中勾选总资产报酬率，点击指标确认，点击数据显示后即得到选定年份 *ST 獐岛的销售利润率数据（如图 4-13 所示）。

报表名称	指标名称	*ST 獐岛 2011-12-31	*ST 獐岛 2012-12-31	*ST 獐岛 2013-12-31	*ST 獐岛 2014-12-31	*ST 獐岛 2015-12-31
财务比率表	销售利润率	19.06%	4.81%	4.35%	-49.55%	-2.22%

图 4-13 销售利润率

其二，同行业销售利润率指标获取。同行业销售利润率指标的获取和上文中 *ST 獐岛销售利润率指标的获取方法基本相同，首先，输入初始数据，然后点击财务报表下拉菜单，选取多功能比较菜单，比较类型选择行业平均值，客户名称或代码选择农林牧渔业，比较报表日期选择 2011~2015 年各年期末数值（如 2015 年 12 月 31 日），指标确认栏左边下拉菜单选择财务比率表，在财务比率表的列示项目中勾选销售利润率，点击指标确认，点击数据显示后即得到选定年份农林牧渔行业的销售利润率数据（见图 4-14）。

报表名称	指标名称	农林牧渔 2011-12-31	农林牧渔 2012-12-31	农林牧渔 2013-12-31	农林牧渔 2014-12-31	农林牧渔 2015-12-31
财务比率表	销售利润率	-10.85%	-18.66%	-0.4%	-63.31%	-79,710.6%

图 4-14 同行业销售利润率

（2）销售利润率分析。

其一，*ST 獐岛销售利润率分析。由图 4-13 可知，2011 年 *ST 獐岛销售利润率为 19.06%，2012 年销售利润率为 4.81%，2013 年销售利润率为4.35%，2014 年和 2015 年销售利润率均为负值，分别为-49.55%和-2.22%。从近五年来看，该公司的销售利润率在迅速下降，其中 2011~2012 年、2013~2014 年变化幅度都非常大，这说明公司的销售利润率整体水平较差。

其二，同行业销售利润率比较分析。比较图 4-13 和图 4-14 可以得到，在 2011~2013 年 *ST 獐岛的销售利润率略高于同行业水平，2014 年和 2015 年销售利润率急剧下降，变为负值，低于同行业水平，这说明 *ST 獐岛的销售利润率整体偏低，且销售利润率不稳定。

4.3.3.2 销售毛利率

需要说明的是软件的财务指标中没有销售毛利率这一指标，而本软件中主营业务利润率的计算公式和销售毛利率的公式相同，因此，在软件中分析销售毛利率时选用的实际指标是主营业务利润率。

（1）指标获取。

其一，*ST 獐岛主营业务利润率指标获取。首先，输入初始数据，然后点击财务报表下拉菜单，选取多功能比较菜单，比较类型选择实际数值，比较报表日期选择 2011~2015 年各年期末数值（如 2015 年 12 月 31 日），指标确认栏左边下拉菜单选择财务比率表，在财务比率表的列示项目中勾选主营业务利润率，点击鼠标确认，点击数据显示后即得到选定年份 *ST 獐岛的主营业务利润率数据（见图 4-15）。

报表名称	指标名称	*ST 獐岛 2011-12-31	*ST 獐岛 2012-12-31	*ST 獐岛 2013-12-31	*ST 獐岛 2014-12-31	*ST 獐岛 2015-12-31
财务比率表	主营业务利润率	34.09%	24.61%	22.1%	13.89%	11.76%

图 4-15　主营业务利润率

其二，同行业主营业务利润率指标获取。同行业主营业务利润率指标的获取和上文中 *ST 獐岛主营业务利润率指标的获取方法基本相同，首先，输入初始数据，然后点击财务报表下拉菜单，选取多功能比较菜单，比较类型选择行业平均值，客户名称或代码选择农林牧渔业，比较报表日期选择 2011~2015 年各年期末数值（如 2015 年 12 月 31 日），指标确认栏左边下拉菜单选择财务比率表，在财务比率表的列示项目中勾选主营业务利润率，点击指标确认，点击数据显示后即得到选定年份农林牧渔行业的主营业务利润率数据（见图 4-16）。

报表名称	指标名称	农林牧渔 2011-12-31	农林牧渔 2012-12-31	农林牧渔 2013-12-31	农林牧渔 2014-12-31	农林牧渔 2015-12-31
财务比率表	主营业务利润率	24.11%	22.14%	19.83%	20.59%	-67.6%

图 4-16　同行业主营业务利润率

（2）主营业务利润率分析。

其一，*ST 獐岛主营业务利润率分析。由图 4-15 可知，2011~2015 年各年的 *ST 獐岛的主营业务利润率在逐年下降，公司的核心竞争力越来越弱。其中 2011 年的主营业务利润率为 34.09%，2012 年的主营业务利润率为 24.61%，2013 年的主营业务利润率为 22.1%，2014 年的主营业务利润率为 13.89%，2015 年的主营业务利润率为 11.76%。主营业务利润率下降的主要原因是在营业收入净额变动不大的情况下，公司的营业成本逐年升高，导致主营业务利润率逐年降低，这说明该公司的成本管理出现问题，应具体分析营业成本降低的原因，加大成本控制力度。

表 4-1　环比增长率

单位：%

指标名称	2011-12-31	2012-12-31	2013-12-31	2014-12-31	2015-12-31
主营业务利润率环比增长率	—	-27.78	-10.23	-37.12	-15.37
销售利润率环比增长率	—	-74.76	-9.56	-1239.08	-95.52

从表 4-1 可知，2012 年 *ST 獐岛销售毛利率的环比增长率为-27.78%，销售利润率的环比增长率为-74.76%；2013 年 *ST 獐岛销售毛利率的环比增长率为-10.23%，销售利润率的环比增长率为-9.56%；2014 年 *ST 獐岛销售毛利率的环比增长率为-37.12%，销售利润率的环比增长率为-1239.08%；2015 年 *ST 獐岛销售毛利率的环比增长率为-15.37%，销售利润率的环比增长率为-95.52%。除 2013 年外，*ST 獐岛销售利润率环比增长率的下降速度远远大于销售毛利率的环比增长率。可见，该公司的期间费用在逐年增加，说明企业对期间费用的管理控制不到位。具体原因应对期间费用的各项展开分析。

其二，同行业主营业务利润率比较分析。由图 4-16 可知，2011 年农林牧渔行业主营业务利润率为 24.11%，2012 年农林牧渔行业主营业务利润率为 22.14%，2013 年农林牧渔行业主营业务利润率为 19.83%，2014 年农林牧渔行业主营业务利润率为 20.59%，2015 年农林牧渔行业主营业务利润率为-67.6%，除2015 年主营业务利润率为负值外，其他年份主营业务利润率的变化不大。

比较图 4-15 和图 4-16 可知，行业主营业务利润率水平在 22%上下浮动，变化不大。在 2011~2013 年，*ST 獐岛的主营业务利润率分别为 34.09%、24.61%、22.1%，均高于同行业水平。说明尽管 *ST 獐岛主营业务利润率在降低，但是该公司的主营业务利润率还是高于同行业水平，公司在这三年的利润空间相对较大。2014 年 *ST 獐岛的主营业务利润率为 13.89%，主营业务利润率小于同行业水平，主要原因是这一年营业成本骤增，导致主营业务利润率降低过大。公司应根据营业成本问题的具体原因进行成本控制，在降低成本的同时提高营业收入净额，从而提高主营业务利润率。

4.3.4 成本费用获利能力分析

这里有两点需要说明，第一，本书在计算全部成本费用总利润率时分母由四项组成：营业成本、管理费用、财务费用和销售费用，这里并没有计算营业税金及附加、资产减值和营业支出。因为营业税金及附加、资产减值和营业外支出占成本费用总额比重较小，对全部成本费用总利润率的数值并没有多大影响，不会影响分析结果。第二，软件的财务指标中没有全部成本费用总利润率这一指标，而本软件中成本费用利润率的计算公式和全部成本费用总利润率的公式相同，因此，在软件中分析全部成本费用总利润率时选用的实际指标是成本费用利润率。

4.3.4.1 指标获取

（1）*ST獐岛成本费用利润率指标获取。首先，输入初始数据，然后点击财务报表下拉菜单，选取多功能比较菜单，比较类型选择实际数值，比较报表日期选择 2011~2015 年各年期末数值（如 2015 年 12 月 31 日），指标确认栏左边下拉菜单选择财务比率表，在财务比率表的列示项目中勾选成本费用利润率，点击指标确认，点击数据显示后即得到选定年份 *ST獐岛 的成本费用利润率数据（见图 4-17）。

报表名称	指标名称	*ST獐岛 2011-12-31	*ST獐岛 2012-12-31	*ST獐岛 2013-12-31	*ST獐岛 2014-12-31	*ST獐岛 2015-12-31
财务比率表	成本费用利润率	24.25%	5.2%	4.52%	-45.77%	-2.03%

图 4-17 成本费用利润率

为了分析成本费用利润率的变动原因，将成本费用利润率的相关计算参数都列示在表 4-2 中。

表 4-2 成本费用利润率

单位：元

财务指标	2011/12/31	2012/12/31	2013/12/31	2014/12/31	2015/12/31
成本费用利润率（%）	24.25	5.20	4.52	-45.77	-2.03
营业成本	1,936,010,000	1,966,130,000	2,041,590,000	2,292,220,000	2,406,080,000

财务指标	2011/12/31	2012/12/31	2013/12/31	2014/12/31	2015/12/31
销售费用	177,516,000	204,391,000	220,009,000	222,700,000	201,033,000
管理费用	156,860,000	197,800,000	178,921,000	217,091,000	210,122,000
财务费用	38,627,000	48,644,000	80,639,100	149,731,000	168,690,000
成本费用	2,309,013,000	2,416,965,000	2,521,159,100	2,881,742,000	2,985,925,000
利润总额	560,049,000	125,717,000	114,163,000	−1,319,150,000	−6,0671,500

（2）同行业成本费用利润率指标获取。首先，输入初始数据，然后点击财务报表下拉菜单，选取多功能比较菜单，比较类型选择行业平均值，客户名称或代码选择农林牧渔业，比较报表日期选择 2011~2015 年各年期末数值（如 2015 年12 月 31 日），指标确认栏左边下拉菜单选择财务比率表，在财务比率表的列示项目中勾选成本费用利润率，点击指标确认，点击数据显示后即得到选定年份农林牧渔行业的成本费用利润率数据（见图 4-18）。

报表名称	指标名称	农林牧渔 2011-12-31	农林牧渔 2012-12-31	农林牧渔 2013-12-31	农林牧渔 2014-12-31	农林牧渔 2015-12-31
财务比率表	成本费用利润率	9.35%	7.99%	4.76%	1.95%	−18.34%

图 4-18　同行业成本费用利润率

4.3.4.2　成本费用利润率分析

（1）*ST 獐岛成本费用利润率分析。由图 4-17 和表 4-2 可知，*ST 獐岛2011 年成本费用利润率为 24.25%，2012 年成本费用利润率为 5.2%，2013 年成本费用利润率为 4.52%，2014 年成本费用利润率为-45.77%，2015 年成本费用利润率为-2.03%，可见，公司的成本费用利润率逐年下降，在 2014 年和 2015 年成本费用利润率均出现负值，说明这两年公司处于亏损状态。成本费用利润率下降的主要原因是利润总额逐年下降的同时成本费用逐年上升，这说明公司的盈利能力越来越差，成本费用支出过高，公司应针对具体问题在提高盈利能力的同时降低成本费用支出。

（2）同行业成本费用利润率比较分析。从图 4-18 可以看出，2011~2015 年农林牧渔行业的成本费用利润率分别为 9.35%、7.99%、4.76%、1.95%、-18.34%，农林牧渔行业的成本费用利润率整体呈下降趋势。比较图 4-17 和图 4-18 可得，*ST 獐岛成本费用利润率在 2011 年远高于同行业水平，2012~2015 年成本费用利润率均低于同行业水平，2014 年和 2015 年成本费用利润率呈负值，低于同行业水平。可见，*ST 獐岛的成本费用利润率水平已经低于同行业平均水平。产生这种现象的主要原因是公司利润总额逐年降低的同时成本费用在逐年提高。

4.3.5 股东获利能力分析

4.3.5.1 每股收益

（1）每股收益指标获取。为了比较水产养殖公司的每股收益情况，在计算每股收益指标时分别选择行业均值和市值相近的水产品养殖公司每股收益值进行对比，以期获得更准确的分析和判断。

其一，*ST 獐岛的每股收益获取。点击财务报表下拉菜单，选取多功能比较菜单，比较类型选择实际数值，比较报表日期选择各年期末数值（如2015 年 12 月 31 日），指标确认栏左边下拉菜单选择损益表，在损益表的列示项目中勾选基本每股收益和稀释每股收益，点击指标确认，点击数据显示后即得到选定年份*ST 獐岛的基本每股收益和稀释每股收益。

其二，每股收益行业均值获取。点击财务报表下拉菜单，选取多功能比较菜单，比较类型选择行业均值，选择行业名称下拉菜单中点击农林牧渔，比较报表日期选择各年期末数值（如 2015 年 12 月 31 日），指标确认栏左边下拉菜单选择损益表，在损益表的列示项目中勾选基本每股收益和稀释每股收益，点击指标确认，点击数据显示后即得到选定年份农林牧渔行业的基本每股收益和稀释每股收益。

其三，水产养殖公司每股收益获取。点击财务报表下拉菜单，选取多功能比较菜单，选择行业名称下拉菜单中输入上市公司代码，比较类型选择实际数值，比较报表日期选择各年期末数值（如 2015 年 12 月 31 日），指标确认栏左边下拉菜单选择损益表，在损益表的列示项目中勾选基本每股收益和稀释每股收益，点击指标确认，点击数据显示后即得到选定年份指定上市公司的基本每股收益和稀释每股收益。

图 4-19　每股收益

将以上数据进行整理、输出、存盘（见图 4-19）。将输出的数据再进行整理后可得表 4-3。

表 4-3　基本每股收益

公司名称 / 时间 指标名称	2011-12-31	2012-12-31	2013-12-31	2014-12-31	2015-12-31
*ST 獐岛　其中——基本每股收益	0.71	0.15	0.14	-1.67	-0.34
农林牧渔　其中——基本每股收益	0.3742	0.2308	0.1948	0.1318	0.0924
壹桥海参　其中——基本每股收益	0.75	0.6	0.61	0.5	0.26
东方海洋　其中——基本每股收益	0.3916	0.4067	0.2338	0.1706	0.1981

（2）每股收益分析。由表 4-3 可知，*ST 獐岛的每股收益和稀释每股收益相同，2011 年每股收益为 0.71，2012 年每股收益为 0.15，2013 年每股收益为 0.14，2014 年每股收益为-1.67，2015 年每股收益为-0.34。2011~2015 年每股收益逐年下降。

将 *ST 獐岛的每股收益和同行业水平进行比较可得，除 2011 年外，*ST 獐岛的每股收益均低于农林牧渔行业每股收益值。

将 *ST 獐岛的每股收益和市值相当的水产养殖上市公司进行比较可得，2011~2015 年，*ST 獐岛的每股收益值均小于壹桥海参公司的每股收益值，2012~2015 年，*ST 獐岛的每股收益值均小于东方海洋公司的每股收益值。

可见，*ST 獐岛的每股收益额低于同行业市值相近的上市公司水平，低于农林牧渔行业水平，在同行业中该公司的盈利能力几乎没有任何竞争力。

4.3.5.2　市盈率

（1）市盈率指标获取。

其一，*ST 獐岛的市盈率获取。点击财务报表下拉菜单，选取多功能比较菜单，比较类型选择实际数值，比较报表日期选择各年期末数值（如 2015 年 12 月 31 日），指标确认栏左边下拉菜单选择财务比率表，在财务比率表的列示项目中勾选年化市盈率，点击指标确认，点击数据显示后即得到选定年份 *ST 獐岛的市盈率。

其二，水产养殖公司市盈率获取。点击财务报表下拉菜单，选取多功能比较菜单，选择行业名称下拉菜单中输入上市公司代码，比较类型选择实际数值，比较报表日期选择各年期末数值（如 2015 年 12 月 31 日），指标确认栏左边下拉菜单选择财务比率表，在财务比率表的列示项目中勾选年化市盈率，点击指标确认，再点击数据显示后即得到选定年份指定上市公司的市盈率。

将以上数据进行整理、输出、存盘（见图 4-20）。

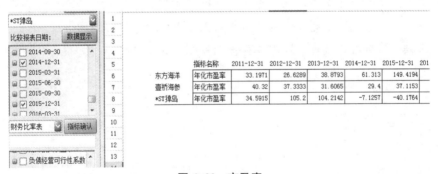

指标名称	2011-12-31	2012-12-31	2013-12-31	2014-12-31	2015-12-31	201
东方海洋	年化市盈率	33.1971	26.6289	38.8793	61.313	149.4194
壹桥海参	年化市盈率	40.32	37.3333	31.6065	29.4	37.1153
*ST 獐岛	年化市盈率	34.5915	105.2	104.2142	-7.1257	-40.1764

图 4-20　市盈率

（2）市盈率分析。由图 4-20 可知，2011 年 *ST 獐岛的市盈率为 34.59，2012 年市盈率为 105.2，2013 年市盈率为 104.21，2014 年和 2015 年市盈率为 -7.12 和 -40.17，2011~2015 年市盈率波动幅度较大，受"冷水团"事件的影响，2014 年和 2015 年市盈率降低较多。

将 *ST 獐岛的市盈率和同行业公司比较，2011~2013 年 *ST 獐岛的市盈率均大于东方海洋公司，2014~2015 年市盈率小于东方海洋公司的市盈率值；2011 年和 2014 年，*ST 獐岛的市盈率小于壹桥海参公司的市盈率值，其他年份均高于壹桥海参公司市盈率。

综上可得，*ST獐岛的市盈率数值较同行业公司的市盈率数值高很多，公司的市盈率值前三年较高后两年较低，波动幅度较大，这表明该公司股票的投资风险较高，投资价值不大，投资者对企业的未来没有太大的信心。

4.3.5.3　每股净资产

（1）每股净资产指标获取。

其一，*ST獐岛的每股净资产获取。点击财务报表下拉菜单，选取多功能比较菜单，比较类型选择实际数值，比较报表日期选择各年期末数值（如2015年12月31日），指标确认栏左边下拉菜单选择财务比率表，在财务比率表的列示项目中勾选每股净资产，点击指标确认，点击数据显示后即得到选定年份*ST獐岛的每股净资产。

其二，水产养殖公司每股净资产获取。点击财务报表下拉菜单，选取多功能比较菜单，在选择行业名称下拉菜单中输入上市公司代码，比较类型选择实际数值，比较报表日期选择各年期末数值（如2015年12月31日），指标确认栏左边下拉菜单选择财务比率表，在财务比率表的列示项目中勾选每股净资产，点击指标确认，点击数据显示后即得到选定年份指定上市公司的每股净资产。

将以上数据进行整理、输出、存盘（见图4-21）。

报表名称	指标名称	2011-12-31	2012-12-31	2013-12-31	2014-12-31	2015-12-31
*ST獐岛	每股净资产	3.8817	3.7033	3.5124	1.6159	1.258
壹桥海参	每股净资产	5.9327	3.5236	4.0965	4.6026	2.4789
东方海洋	每股净资产	5.1456	5.3335	5.5362	5.6005	11.1243

图4-21　每股净资产

（2）每股净资产分析。由图4-21可知，*ST獐岛2011年的每股净资产为3.88，2012年的每股净资产为3.70，2013年的每股净资产为3.51，2014年的每股净资产为1.62，2015年的每股净资产为1.26，每股净资产在逐年下降，股东拥有的资产现值越来越少。

分析每股净资产下降的原因首先需要分析期末所有者权益各项的变动。点击财务报表下拉菜单，选取多功能比较菜单，在选择行业名称下拉菜单中输入 *ST 獐岛代码，比较类型选择实际数值，比较报表日期选择各年期末数值（如2015年 12 月 31 日），指标确认栏左边下拉菜单选择股东权益变动表，在股东权益变动表的列示项目中分别勾选股本期末余额、资本公积期末余额、盈余公积期末余额、未分配利润期末余额和股东权益合计期末余额，点击指标确认，点击数据显示即得到选定年份该公司的以上指标（见图 4-22）。

报表名称	指标名称	*ST 獐岛 2011-12-31	*ST 獐岛 2012-12-31	*ST 獐岛 2013-12-31	*ST 獐岛 2014-12-31	*ST 獐岛 2015-12-31
股东权益变动表	股本期末余额	711,112,000	711,112,000	711,112,000	711,112,000	711,112,000
股东权益变动表	资本公积期末余额	858,813,000	863,539,000	854,828,000	874,828,000	875,859,000
股东权益变动表	盈余公积期末余额	210,253,000	228,062,000	245,200,000	245,200,000	245,200,000
股东权益变动表	未分配利润期末余额	939,411,000	742,841,000	609,312,000	-686,682,000	-929,618,000
股东权益变动表	股东权益合计期末余额	2,714,560,000	2,541,120,000	2,413,890,000	1,132,220,000	885,615,000

图 4-22 股东权益期末余额

由图 4-22 可知，每股净资产下降的主要原因是 *ST 獐岛的股东权益期末余额越来越小，分析股东权益各项发现，股东权益期末余额减少的主要原因是未分配利润在减少，该公司的未分配利润逐年下降，在 2014 年和 2015 年未分配利润期末余额为负值。

和同行业水产公司比较可知，*ST 獐岛的每股净资产均低于东方海洋和壹桥海参两个公司，说明公司的内部积累较薄弱，抵御风险的能力较弱。

4.3.6 增长能力分析

4.3.6.1 股东权益增长率

（1）股东权益增长率指标的获取。点击财务报表下拉菜单，选取多功能比较菜单，选择行业名称下拉菜单中输入 *ST 獐岛代码，比较类型选择实际数值，比较报表日期选择各年期末数值（如 2015 年 12 月 31 日），指标确认栏左边下拉菜单选择财务比率表，在财务比率表的列示项目勾选自有资金增长率，点击指标确认，点击数据显示即得到选定年份该公司的自有资金增长率指标（见图 4-23）。

报表名称	指标名称	*ST 獐岛 2011-12-31	*ST 獐岛 2012-12-31	*ST 獐岛 2013-12-31	*ST 獐岛 2014-12-31	*ST 獐岛 2015-12-31
财务比率表	自有资金增长率	60.76%	−5.93%	−4.55%	−52.63%	−21.48%

图 4-23　股东权益增长率

有一点需要说明，软件中并没有股东权益增长率这一指标，但是软件中的自有资金增长率的计算公式和股东权益增长率完全一样，因此，在软件中使用自有资金增长率来计算股东权益增长率。

（2）股东权益增长率分析。由图 4-23 可知，*ST 獐岛 2011 年的股东权益增长率为 60.76%，2012 年股东权益增长率为−5.93%，2013 年股东权益增长率为−4.55%，2014 年股东权益增长率为−52.63%，2015 年股东权益增长率为−21.48%，除 2011 年外，其他各年的股东权益增长率都是负值，从趋势来看，股东权益增长率下降幅度越来越大，要分析股东权益增长率下降的原因，需要分析股东权益中各项组成的变化。

点击财务报表下拉菜单，选取多功能比较菜单，选择行业名称下拉菜单中输入 *ST 獐岛代码，比较类型选择实际数值，比较报表日期选择各年期末数值（如 2015 年 12 月 31 日），指标确认栏左边下拉菜单选择股东权益变动表，在股东权益变动表的列示项目中分别勾选股本期初余额、股本期末余额、资本公积期初余额、资本公积期末余额、盈余公积期初余额、盈余公积期末余额、未分配利润期初余额、未分配利润期末余额和股东权益合计期初余额、股东权益合计期末余额，点击指标确认，点击数据显示即得到选定年份该公司的以上指标（见图 4-24）。

报表名称	指标名称	*ST 獐岛 2011-12-31	*ST 獐岛 2012-12-31	*ST 獐岛 2013-12-31	*ST 獐岛 2014-12-31	*ST 獐岛 2015-12-31
股东权益变动表	股本期初余额	452,400,000	711,112,000	711,112,000	711,112,000	711,112,000
股东权益变动表	股本期末余额	711,112,000	711,112,000	711,112,000	711,112,000	711,112,000
股东权益变动表	资本公积期初余额	346,286,000	858,813,000	863,539,000	854,828,000	874,828,000
股东权益变动表	资本公积期末余额	858,813,000	863,539,000	854,828,000	874,828,000	875,859,000
股东权益变动表	盈余公积期初余额	157,857,000	210,258,000	228,062,000	245,200,000	245,200,000
股东权益变动表	盈余公积期末余额	210,253,000	228,062,000	245,200,000	245,200,000	245,200,000
股东权益变动表	未分配利润期初余额	730,873,000	939,411,000	742,841,000	609,312,000	−686,682,000
股东权益变动表	未分配利润期末余额	939,411,000	742,841,000	609,312,000	−686,682,000	−929,618,000
股东权益变动表	股东权益合计期初余额	1,685,540,000	2,714,560,000	2,541,120,000	2,413,890,000	1,132,220,000
股东权益变动表	股东权益合计期末余额	2,714,560,000	2,541,120,000	2,413,890,000	1,132,220,000	885,615,000

图 4-24　股东权益各项期初、期末余额

由图 4-24 可知，*ST 獐岛股东权益变动表中各项除未分配利润期初和期末余额的变动较大，其余变动不大，且 2012~2015 年，未分配利润期初和期末的差额都是负值，这说明该公司股东权益增长率下降的主要原因是未分配利润是负值，公司处于亏损状态。

4.3.6.2　利润增长能力分析

营业收入扣除有关的成本、费用后形成企业的利润。营业收入是企业利润的源泉，但并不完全形成企业的财富。企业的价值主要取决于利润的增长能力，所以对企业的利润增长进行分析至关重要。由于利润可以表现为营业利润、利润总额、净利润等多种形式，因此，利润增长率也具有不同表现形式，通常使用的是净利润增长率和营业利润增长率两个指标。本书中我们只选取净利润增长率指标进行分析。

（1）净利润增长率指标的获取。点击财务报表下拉菜单，选取多功能比较菜单，选择行业名称下拉菜单中输入 *ST 獐岛代码，比较类型选择实际数值，比较报表日期选择各年期末数值（如 2015 年 12 月 31 日），指标确认栏左边下拉菜单选择财务比率表，在财务比率表的列示项目分别勾选净利润增长率和销售增长率，点击指标确认，点击数据显示即得到选定年份该公司的以上指标（见图 4-25）。

报表名称	指标名称	*ST 獐岛 2011-12-31	*ST 獐岛 2012-12-31	*ST 獐岛 2013-12-31	*ST 獐岛 2014-12-31	*ST 獐岛 2015-12-31
财务比率表	销售收入增长率	30.02%	−11.21%	0.48%	1.57%	2.42%
财务比率表	净利润增长率	17.71%	−79.17%	−6.07%	−1,328.35%	−79.47%

图 4-25　净利润增长率

（2）净利润增长率分析。由图 4-25 可知，*ST 獐岛 2011 年净利润增长率为17.71%，2012 年净利润增长率为−79.17%，2013 年净利润增长率为−6.07%，2014 年净利润增长率为−1328.35%，2015 年净利润增长率为−79.47%，可见，2011 年以后，各年公司的净利润一直在减少，公司的净利润变动额一直呈负增长的趋势。

将净利润增长率和销售增长率比较发现，除 2012 年外各年的销售增长率为正值，说明 2013~2015 年公司的销售收入有小幅增加，而在这三年净利润增长率呈负值且数值较大，这说明公司的成本控制出现了问题。

4.3.6.3 收入增长能力分析

营业收入是企业利润、权益和资产增长的源泉，企业的发展必须以收入的增长为后盾。企业的销售情况越好，市场所占份额越多，意味着企业生存和发展的空间也越大，因此，可以用收入增长率来反映企业在销售方面的发展能力。

软件计算中收入增长率的指标用销售收入增长率来代替，销售收入增长率的计算公式和收入增长率完全一致。

（1）收入增长率指标获取。点击财务报表下拉菜单，选取多功能比较菜单，选择行业名称下拉菜单中输入 *ST 獐岛代码，比较类型选择实际数值，比较报表日期选择各年期末数值（如 2015 年 12 月 31 日），指标确认栏左边下拉菜单选择财务比率表，在财务比率表的列示项目分别勾选销售收入增长率，点击指标确认，点击数据显示即得到选定年份该公司的以上指标（见图 4-26）。

报表名称	指标名称	*ST 獐岛 2011-12-31	*ST 獐岛 2012-12-31	*ST 獐岛 2013-12-31	*ST 獐岛 2014-12-31	*ST 獐岛 2015-12-31
财务比率表	销售收入增长率	30.02%	−11.21%	0.48%	1.57%	2.42%
财务比率表	总资产增长率	33.75%	11.35%	8%	−8.22%	−8.05%

图 4-26　收入增长率

（2）收入增长率分析。由图 4-26 可知，*ST 獐岛 2011 年销售收入增长率为 30.02%，2012 年销售收入增长率为−11.21%，2013 年销售收入增长率为 0.48%，2014 年销售收入增长率为 1.57%，2015 年销售收入增长率为 2.42%，可见，2012 年公司的销售规模大幅度减少，2012 年以后各年的销售收入增长率虽为正值，但是数值较小，波动不大，总体看来，企业的销售规模减小，市场份额在萎缩。

将销售收入增长率和总资产增长率进行比较可得，在销售收入增长率最大的 2011 年，该公司的销售收入增长率仍小于总资产增长率，只有在 2014 年和 2015 年，总资产增长率为负值时，销售收入增长率才高于总资产增长率。可见，公司的销售增长并不具备效益性，企业在销售方面可持续发展能力较弱。

4.3.6.4 资产增长能力分析

资产是企业拥有和控制的能用货币计量，并能给企业带来经济利益的经济资源。资产是企业开展生产经营活动的基础，是企业盈利的源泉，是企业债务偿还的物质保障；资产规模和增长情况表明企业的实力和发展速度，也是体现企业价值和实现企业价值增加的重要手段。资产规模稳定并不断增长是企业不断发展的重要表现，因此，资产增长率是衡量企业发展能力的重要指标。

报表名称	指标名称	*ST 獐岛 2011-12-31	*ST 獐岛 2012-12-31	*ST 獐岛 2013-12-31	*ST 獐岛 2014-12-31	*ST 獐岛 2015-12-31
财务比率表	销售收入增长率	30.02%	−11.21%	0.48%	1.57%	2.42%
财务比率表	净利润增长率	17.71%	−79.17%	−6.07%	−1,328.35%	−79.47%
财务比率表	总资产增长率	33.75%	11.35%	8%	−8.22%	−8.05%

图 4-27　总资产增长率

（1）资产增长率指标获取。点击财务报表下拉菜单，选取多功能比较菜单，选择行业名称下拉菜单中输入 *ST 獐岛代码，比较类型选择实际数值，比较报表日期选择各年期末数值（如 2015 年 12 月 31 日），指标确认栏左边下拉菜单选择财务比率表，在财务比率表的列示项目分别勾选总资产增长率、销售收入增长率和净利润增长率，点击指标确认，点击数据显示即得到选定年份该公司的以上指标（见图 4-27）。

（2）资产增长率分析。

其一，资产增长规模、趋势分析。由图 4-27 可知，*ST 獐岛 2011 年总资产增长率为 33.75%，2012 年总资产增长率为 11.35%，2013 年总资产增长率为 8%，2014 年总资产增长率为-8.22%，2015 年总资产增长率为-8.05%，2011~2013 年公司的资产规模在增加，但增加的幅度越来越小。2014 年和 2015 年资产规模缩减。

将资产增长率和净利润增长率、销售收入增长率比较可知，2011~2013 年资产增长率均高于净利润增长率和销售收入增长率，2014 年和 2015 年资产增长率为负值，仍高于净利润增长但小于销售收入增长率。这说明该公司的资产并没有得到充分的利用，可能存在资产浪费或营运不良的情况。

其二，资产增长来源分析。企业增长的资金来源有两条途径：债权人的投入和投资者的投入。债权人的投入形成企业的负债，投资者的投入形成企业的所有者权益。在其他条件不变的情况下，无论是负债规模增加还是所有者权益规模增加，都会提高资产增长率。

报表名称	指标名称	*ST 獐岛 2011-12-31	*ST 獐岛 2012-12-31	*ST 獐岛 2013-12-31	*ST 獐岛 2014-12-31	*ST 獐岛 2015-12-31
财务比率表	资产总计	4,419,960,000	4,921,820,000	5,315,700,000	4,878,240,000	4,485,390,000
财务比率表	负债合计	1,701,510,000	2,364,390,000	2,874,460,000	3,721,690,000	3,577,200,000
财务比率表	股东权益合计	2,718,460,000	2,557,430,000	2,441,240,000	1,156,560,000	908,186,000

图 4-28　资产总计来源

要分析资产增长来源，需要获取负债和股东权益的数值。获取方法如下：点击财务报表下拉菜单，选取多功能比较菜单，选择行业名称下拉菜单中输入 *ST 獐岛代码，比较类型选择实际数值，比较报表日期选择各年期末数值（如2015年12月31日），指标确认栏左边下拉菜单选择资产负债表，在资产负债表的列示项目分别勾选资产总计、负债合计和股东权益合计，点击指标确认，点击数据显示即得到选定年份该公司的以上指标（见图 4-28）。

由图 4-28 可知，*ST 獐岛在总资产规模变动不大的情况下，负债合计逐年上升，股东权益合计逐年下降。这说明 2011~2013 年公司资产的增长完全是依赖于负债的增长，即使是在 2014 年和 2015 年资产规模下降的情况下，公司的负债规模还在增长，这会使企业的财务负担进一步加重，公司的财务风险上升。

其三，资产增长整体分析。比较图 4-23、图 4-27 中股东权益增长率、总资产增长率、销售增长率和净利润增长率各项数值可知，该公司的股东权益增长率 2011 年后都是负增长，资产增长率大于销售收入增长率，销售收入增长率大于净利润增长率，各项增长率差距较大。

和同行业水平比较（见图 4-29）发现，除净利润增长率外，该公司的销售收入增长率、股东权益增长率及总资产增长率除个别年份外均低于同行业水平。由此可见，该公司的整体发展能力很低。

报表名称	指标名称	2011-12-31	2012-12-31	2013-12-31	2014-12-31	2015-12-31
*ST 獐岛	销售收入增长率	30.02%	−11.21%	0.48%	1.57%	2.42%
*ST 獐岛	净利润增长率	17.71%	−79.17%	−6.07%	−1,328.35%	−79.47%
*ST 獐岛	自有资金增长率	60.76%	−5.93%	−4.55%	−52.63%	−21.48%
*ST 獐岛	总资产增长率	33.75%	11.35%	8%	−8.22%	−8.05%
农林牧渔	销售收入增长率	37.98%	11.76%	11.19%	2.68%	12.21%
农林牧渔	净利润增长率	−67.41%	−247.43%	−128.35%	−105.32%	−102.95%
农林牧渔	自有资金增长率	8.66%	22.57%	11.6%	19.64%	7.61%
农林牧渔	总资产增长率	24.72%	32.48%	15.16%	15.4%	19.74%

图 4-29　行业增长能力指标

‖第 5 章‖
现金流量表分析

5.1　实训目的

　　提高学生对现金流量表分析的实际操作能力；巩固所学的理论知识和分析方法，能对公司现金流量结构、现金支付能力以及盈利质量进行分析，正确评价公司资金流运转情况的高低，能够将现金流量表信息与利润表和资产负债表信息结合起来对公司的财务状况进行分析与评价，提高学生思考问题、分析问题、解决问题的能力。

5.2　背景知识

5.2.1　重点现金流量项目分析

5.2.1.1　经营活动现金流量项目分析

　　（1）销售商品、提供劳务收到的现金。该项目反映企业本期销售商品、提供劳务收到的现金，以及前期销售商品、提供劳务本期收到的现金（包括销售收入和应向购买者收取的增值税销项税额）和本期预收的款项，减去本期销售本期退回的商品和前期销售本期退回的商品支付的现金。此项目是企业现金流入的主要来源，通常具有数额大、所占比例高的特点。

（2）收到的税费返还。该项目反映企业收到返还的增值税、营业税、所得税、消费税、关税和教育费附加等各种税费。

（3）收到其他与经营活动有关的现金。该项目反映企业收到的罚款收入、租金等其他与经营活动有关的现金流入金额，此项目具有不稳定性，数额不应过多。

（4）购买商品、接受劳务支付的现金。该项目反映企业本期购买商品、接受劳务实际支付的现金（包括增值税进项税额）以及本期支付前期购买商品接受劳务未支付款项和本期预付款项，减去本期发生的购货退回收到的现金，此项目应是企业现金流出的主要方向，通常具有数额大、所占比例高的特点。

（5）支付给职工以及为职工支付的现金。该项目反映企业本期实际支付给职工的工资、奖金、各种津贴和补贴等职工薪酬，此项目也是企业现金流出的主要方向，金额波动不大。

（6）支付的各项税费。该项目反映企业本期发生并支付的、本期支付以前各期发生的以及预交的教育费附加、矿产资源补偿费、印花税、房产税、土地增值税、车船税、预交的营业税等税费。

（7）支付其他与经营活动有关的现金。该项目反映企业支付的罚款支出，支付的差旅费、业务招待费、保险费，经营租赁支付的现金等其他与经营活动有关的现金流出，金额较大的应该单独列示。

5.2.1.2　投资活动现金流量项目分析

（1）收回投资所收到的现金。该项目反映企业出售、转让或到期收回除现金等价物以外的交易性金融资产、长期股权投资而收到的现金，以及收回长期债权投资本金而收到的现金，但长期债券投资收回的利息除外。

（2）取得投资收益收到的现金。该项目反映企业因股权性投资而分得的现金股利，从子公司、联营企业或合营企业分回利润而收到的现金，以及因债权性投资而取得的现金利息收入，但股票股利除外。

（3）处置固定资产、无形资产和其他长期资产收回的现金净额。该项目反映企业出售、报废固定资产、无形资产和其他长期资产所取得的现金减去为处置这些资产而支付有关费用后的净额。但现金净额为负数的除外。

（4）处置子公司及其他营业单位收到的现金余额。该项目反映企业处置子公司及其他营业单位所取得的现金减去相关处置费用后的净额。

（5）购建固定资产、无形资产和其他长期资产支付的现金。该项目反映企业购买、建造固定资产，取得无形资产和其他长期资产所支付的现金及增值税税款、支付的应由在建工程和无形资产负担的职工薪酬现金支出。但为购建固定资产而发生的借款利息资本化的部分以及融资租入固定资产支付的租赁费除外。

（6）投资支付的现金。该项目反映企业取得的除现金等价物以外的权益性投资和债权性投资所支付的现金以及支付的佣金、手续费等附加费用。

（7）取得子公司及其他营业单位支付的现金净额。该项目反映企业购买子公司及其他营业单位时以现金支付的部分，减去子公司或其他营业单位持有的现金和现金等价后的净额。

（8）收到其他与投资活动有关的现金、支付其他与投资活动有关的现金。该项目反映企业除上述项目外收到或支付的其他与投资活动有关的现金流入或流出，金额较大的应当单独列示。

5.2.1.3　筹资活动现金流量项目分析

（1）吸收投资所收到的现金。该项目反映企业以发行股票、债券等方式筹集的资金实际收到的款项减去直接支付给金融企业的佣金、手续费、宣传费、咨询费、印刷费等发行费用后的净额。此项目表明企业通过资本市场筹资能力的强弱。

（2）取得借款收到的现金。该项目反映企业举借各种短期借款、长期借款所收到的现金。此项目数额的大小，表明企业通过银行筹集资金能力的强弱，在一定程度上代表了企业商业信用的高低。

（3）偿还债务支付的现金。该项目反映企业以现金偿还债务的本金。此项目有助于分析企业资金周转是否已经达到良性循环状态。

（4）分配股利、利润或偿付利息支付的现金。该项目反映企业实际支付的现金股利，支付给其他投资单位的利润或用现金支付的借款利息、债券利息。利润的分配情况可以反映企业现金的充裕程度。

（5）收到的其他与筹资活动有关的现金、支付其他与筹资活动有关的现金。该项目反映企业除上述项目外，收到或支付其他与筹资活动有关的现金流入或流出。

5.2.2　现金的偿债能力分析

现金的偿债能力是指企业用经营活动产生的现金偿还到期债务的能力。为反映企业的现金偿债能力，可以将经营活动现金流量净额与企业的各种债务进行对比，计算现金偿债能力。

主要通过下述指标进行衡量：

现金债务总额比率 = 经营活动现金流量净额/负债平均余额 × 100%

货币资金率 = 货币资金/流动负债 × 100%

即付比率 = 期末现金及现金等价物 /（流动负债 – 预收账款 – 6 个月以上的流动负债）× 100%

现金流量比率 = 经营活动现金流量净额/流动负债 × 100%

5.2.3　现金的收益能力分析

企业获利能力一般是将利润与企业资源进行比较，而利润的计算受主观估计和人为判断的影响，只代表账面上的结果，现金收益能力的高低是报表使用者更加关心的财务指标，是反映企业根本性财务能力的指标。

主要通过下述指标进行衡量：

盈余现金费用率 = 现金流量净额/成本费用 × 100%

盈余现金保障倍数 = 经营活动现金流量净额/净利润 × 100%

每股经营净现金流量 = 经营活动现金流量净额/流通在外的普通股股数

5.3　实训项目

5.3.1　重点现金流量项目分析

现金流量表水平分析是根据现金流量表的数据，将现金流量表的本期数与选定的标准进行比较，揭示本期现金流量与前期或预计现金流量的差异，编制出现金流量表水平分析表，然后在此基础上进行水平分析。

现金流量表结构分析是通过计算现金流入和现金流出构成项目所占的比重来分析现金流入和现金流出变动的一种方法，通常分别对三大经济活动（经营活动、投资活动、筹资活动）产生的现金流量的构成进行计算，以明确现金流入和现金流出的构成，从而抓住企业现金流量管理的重点。

现金流量表趋势分析主要是运用横向比较的方法对现金流量表内部的项目进行分析，通过比较不同时期数据的变化方向、变化幅度来分析企业现金流量的变动趋势。运用趋势分析法分析现金流量表不仅可以大致分析出企业现金流量的变动趋势，还可以及时发现现金流量的异常变动，有利于企业不断调整经营发展策略，保证企业稳健、快速发展。

下面对 *ST 獐岛 2015 年度的现金流量表进行水平分析和结构分析，识别该公司会计分析的重点列报项目。

5.3.1.1　系统具体操作

第一步，进入哲睿企业经营分析与预测系统，填写分析内容，如图 5-1 所示。

图 5-1　分析内容界面

第二步，名称输入"*ST 獐岛"，如图 5-2 所示。

第三步，点击左匹配，再点击"*ST 獐岛"，系统自动填写客户代码，如图 5-3 所示。

图5-2　分析名称界面

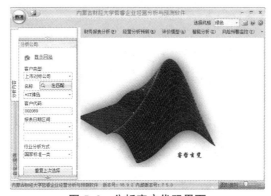

图5-3　分析客户代码界面

第四步，填写报表日期区间，点击下拉菜单按钮（向下小箭头），选择报表日期分析区间，如图5-4所示。

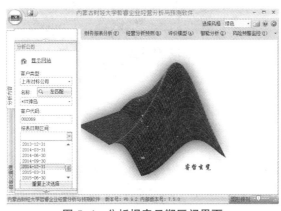

图5-4　分析报表日期区间界面

第五步，点击"财务报表分析"按钮，选择"多功能比较"分析，如图 5-5 所示。

图 5-5 多功能比较分析界面

第六步，选择比较报表日期，选择现金流量表指标，比较类型选择环比，如图 5-6 所示。

图 5-6 多功能比较分析界面

第七步，点击指标确认，如图 5-7 所示。

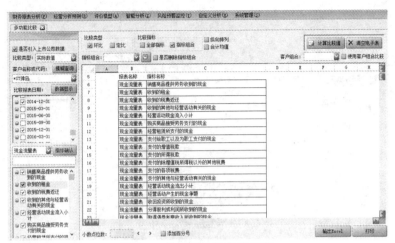

图 5-7　多功能比较分析界面

第八步，点击"数据显示"，如图 5-8 所示。

图 5-8　多功能比较分析界面

第九步，点击"计算比较值"，如图 5-9 所示。

第十步，点击"输出 Excel"，如图 5-10 所示，整理后如表 5-1 所示。

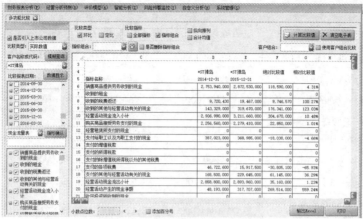

图 5-9　多功能比较分析界面

图 5-10　多功能比较分析界面

表 5-1　*ST 獐岛 2015 年度现金流量水平分析表

项目	期初余额（元）	期末余额（元）	变动额（元）	变动率（%）
销售商品提供劳务收到的现金	2,753,940,000	2,872,530,000	118,590,000	4.31
收到的税费返还	9,720,430	19,467,000	9,746,570	100.27
收到的其他与经营活动有关的现金	143,329,000	319,670,000	176,341,000	123.03
经营活动现金流入小计	2,906,990,000	3,211,660,000	304,670,000	10.48
购买商品接受劳务支付的现金	2,256,560,000	2,279,410,000	22,850,000	1.01
支付给职工以及为职工支付的现金	387,023,000	368,985,000	-18,038,000	-4.66
支付的各项税费	46,722,600	15,917,500	-30,805,100	-65.93
支付的其他与经营活动有关的现金	168,500,000.00	229,645,000	61,145,000	36.29

项目	期初余额（元）	期末余额（元）	变动额（元）	变动率（%）
经营活动现金流出小计	2,858,800,000	2,893,960,000	35,160,000	1.23
经营活动产生的现金净额	48,193,000	317,707,000	269,514,000	559.24
取得投资收益所收到的现金	1,764,000	1,764,000	0	0
处置固定资产无形资产和其他长期资产所收回的现金净额	1,132,160	27,164,900	26,032,740	2,299.39
收到的其他与投资活动有关的现金	23,000,000	16,000,000	−7,000,000	−30.43
投资活动现金流入小计	25,896,200	44,928,900	19,032,700	73.5
购建固定资产无形资产和其他长期资产所支付的现金	225,844,000	73,124,500	−152,719,500	−67.62
投资所支付的现金	40,800,000	3,250,000	−37,550,000	−92.03
取得子公司及其他营业单位支付的现金净额	243,444,000	5,960,960	−237,483,040	−97.55
支付的其他与投资活动有关的现金	34,000,000	16,000,000	−18,000,000	−52.94
投资活动现金流出小计	544,088,000	98,335,400	−445,752,600	−81.93
投资活动产生的现金流量净额	−518,192,000	−53,406,600	464,785,400	−89.69
吸收投资收到的现金	0	215,500	215,500	0
取得借款收到的现金	3,969,870,000	3,542,150,000	−427,720,000	−10.77
收到的其他与筹资活动有关的现金	20,000,000	0	−20,000,000	−100
筹资活动现金流入小计	3,989,870,000	3,542,370,000	−447,500,000	−11.22
偿还债务所支付的现金	3,242,670,000	3,487,750,000	245,080,000	7.56
分配股利或利润所支付的现金	295,042,000	195,948,000	−99,094,000	−33.59
筹资活动现金流出小计	3,537,710,000	3,683,700,000	145,990,000	4.13
筹资活动产生的现金流量净额	452,166,000	−141,330,000	−593,496,000	−131.26
汇率变动对现金的影响额	−13,028,300	9,868,000	22,896,300	−175.74
现金及现金等价物净增加额	−30,861,200	132,839,000	163,700,200	−530.44
期初现金及现金等价物余额	449,401,000	418,540,000	−30,861,000	−6.87
计提的坏账准备或转销的坏账	19,302,700	−24,245,100	−43,547,800	−225.6
固定资产折旧	117,141,000	127,296,000	10,155,000	8.67
无形资产摊销	21,674,500	22,560,900	886,400	4.09
期末现金及现金等价物余额	418,540,000	551,378,000	132,838,000	31.74

第十一步，点击"财务报表分析"按钮，选择"结构财务报表"分析，如图 5-11 所示。

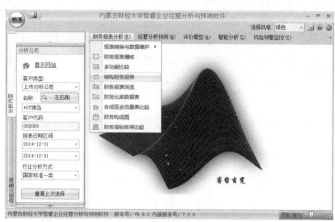

图 5-11　结构财务报表分析界面

将报表日期区间分别选择 2015-12-31、2014-12-31，各自生成年度现金流量表结构分析表，输出 Excel 合并制作 *ST 獐岛 2015 年度现金流量表结构分析表，如表 5-2 所示。

表 5-2　*ST 獐岛 2015 年度现金流量表结构分析表

项目	期初余额（元）	占净现金流量比例（%）	占营业收入比例（%）	期末余额（元）	占净现金流量比例（%）	占营业收入比例(%)
销售商品提供劳务收到的现金	2,753,940,000	−8,923.63	103.45	2,872,530,000	2,162.41	105.35
收到的税费返还	9,720,430	−31.5	0.37	19,467,000	14.65	0.71
收到的其他与经营活动有关的现金	143,329,000	−464.43	5.38	319,670,000	240.64	11.72
经营活动现金流入小计	2,906,990,000	−9,419.56	109.19	3,211,660,000	2,417.71	117.78
购买商品接受劳务支付的现金	2,256,560,000	−7,311.96	84.76	2,279,410,000	1,715.92	83.59
支付给职工以及为职工支付的现金	387,023,000	−1,254.08	14.54	368,985,000	277.77	13.53
支付的各项税费	46,722,600	−151.4	1.76	15,917,500	11.98	0.58
支付的其他与经营活动有关的现金	168,500,000	−545.99	6.33	229,645,000	172.87	8.42

续表

项目	期初余额（元）	占净现金流量比例（%）	占营业收入比例（%）	期末余额（元）	占净现金流量比例（%）	占营业收入比例（%）
经营活动现金流出小计	2,858,800,000	−9,263.41	107.38	2,893,960,000	2,178.55	106.13
经营活动产生的现金净额	48,193,000	−156.16	1.81	317,707,000	239.17	11.65
取得投资收益所收到的现金	1,764,000	−5.72	0.07	1,764,000	1.33	0.06
处置固定资产无形资产和其他长期资产所收回的现金净额	1,132,160	−3.67	0.04	27,164,900	20.45	1.00
收到的其他与投资活动有关的现金	23,000,000	−74.53	0.86	16,000,000	12.04	0.59
投资活动现金流入小计	25,896,200	−83.91	0.97	44,928,900	33.82	1.65
购建固定资产无形资产和其他长期资产所支付的现金	225,844,000	−731.81	8.48	73,124,500	55.05	2.68
投资所支付的现金	40,800,000	−132.2	1.53	3,250,000	2.45	0.12
取得子公司及其他营业单位支付的现金净额	243,444,000	−788.84	9.14	5,960,960	4.49	0.22
支付的其他与投资活动有关的现金	34,000,000	−110.17	1.28	16,000,000	12.04	0.59
投资活动现金流出小计	544,088,000	−1,763.02	20.44	98,335,400	74.03	3.61
投资活动产生的现金流量净额	−518,192,000	1,679.11	−19.46	−53,406,600	−40.2	−1.96
吸收投资收到的现金	0	0	0	215,500	0.16	0.01
取得借款收到的现金	3,969,870,000	−12,863.63	149.12	3,542,150,000	2,666.5	129.9
收到的其他与筹资活动有关的现金	20,000,000	−64.81	0.75	0	0	0
筹资活动现金流入小计	3,989,870,000	−12,928.43	149.87	3,542,370,000	2,666.66	129.91
偿还债务所支付的现金	3,242,670,000	−10,507.27	121.8	3,487,750,000	2,625.55	127.91

项目	期初余额（元）	占净现金流量比例（%）	占营业收入比例（%）	期末余额（元）	占净现金流量比例（%）	占营业收入比例（%）
分配股利或利润所支付的现金	295,042,000	−956.03	11.08	195,948,000	147.51	7.19
筹资活动现金流出小计	3,537,710,000	−11,463.29	132.89	3,683,700,000	2,773.06	135.09
筹资活动产生的现金流量净额	452,166,000	−1,465.16	16.98	−141,330,000	−106.39	−5.18
汇率变动对现金的影响额	−13,028,300	42.22	−0.49	9,868,000	7.43	0.36
现金及现金等价物净增加额	−30,861,200	100	−1.16	132,839,000	100	4.87
期初现金及现金等价物余额	449,401,000	−1,456.2	16.88	418,540,000	315.07	15.35
计提的坏账准备或转销的坏账	19,302,700	−62.55	0.73	−24,245,100	−18.25	−0.89
固定资产折旧	117,141,000	−379.57	4.4	127,296,000	95.83	4.67
无形资产摊销	21,674,500	−70.23	0.81	22,560,900	16.98	0.83
期末现金及现金等价物余额	418,540,000	−1,356.2	15.72	551,378,000	415.07	20.22

5.3.1.2　水平分析

*ST獐岛 2015 年现金及现金等价物共增加 132,838,000 元，增加了31.74%。其中，经营活动产生净现金流量 317,707,000 元，投资活动产生净现金流量−53,406,600 元，筹资活动产生净现金流量−141,330,000 元，较上年变动额分别为 269,514,000 元、464,785,400 元、−593,496,000 元。

（1）经营活动净现金流量比上年增长了 269,514,000 元，增长率为559.24%。经营活动现金流入量与流出量分别比上年增长 10.48%和 1.23%，增长额分别为 304,670,000 元、35,160,000 元。经营活动现金流入量的增长远快于经营活动现金流出量的增长，致使经营活动现金净流量有了巨幅增长。经营活动产生的现金流入量增幅较大，主要是由本期销售商品提供劳务收到的现金及收到的其他与经营活动有关的现金增长所致，其中销售商品提供劳务收到的现金增幅为 4.31%，收到的其他与经营活动有关的现金增长率为 123.03%。公司当年收到的税费返还较上年增长 100.27%。经营活动现金流出量较上年略有增长，增长率为 1.23%，说明经营活动现金流出量比较稳定。

（2）投资活动现金净流量比上年增加 464,785,400 元，企业较上年减少了固定资产投资规模。在投资活动现金流入中，取得投资收益所收到的现金与上年持平；处置固定资产、无形资产和其他长期资产所收回的现金净额为 27,164,900 元，增长率为 2299.39%，主要原因为本期固定资产投资项目减少，投资资金收回；收到的其他与投资活动有关的现金较上年减少，降幅 30.43%。在投资活动现金流出中，投资所支付的现金、取得子公司及其他营业单位支付的现金净额本期减少幅度较大，分别减少 92.03%、97.55%，主要由上期支付收购大连新中海产食品有限公司股权金额较大所致。

（3）筹资活动净现金流量比上年减少了 -593,496,000 元，主要原因为本期偿还银行借款所致。本期筹集资金规模较上期减少，而本期偿还债务资金较上期增加。

5.3.1.3　结构分析

在 *ST 獐岛 2015 年现金及现金等价物净增加额中经营活动产生的现金流量净额占比 239.17%，投资活动产生的现金流量净额占比 -40.20%，筹资活动产生的现金流量净额占比 -106.39%，此外，汇率变动对现金的影响额占比 7.43%。由此看出，*ST 獐岛现金净流量积累主要来自经营活动现金流量，投资活动、筹资活动不同比例耗用了企业现金流。

*ST 獐岛 2015 年现金及现金等价物净增加额占营业收入比例为 4.87%，即现金流量净额与本期营业收入之比，该指标可以在一定程度上衡量企业营业收入产生现金流量的能力。该比率越高，说明营业收入产生现金流量的能力越强。自 2013 年起 *ST 獐岛该指标表现向好，说明企业营业收入收现情况不断改善，主要原因为 *ST 獐岛 2013~2015 年营业收入逐年增加，配合企业信用政策、付款条件的合理调整。与两家同行业竞争对手进行比较，如表 5-3 所示，*ST 獐岛营业收入收现能力稳中有升，表现良好。

表 5-3　三家渔业上市公司现金流量净额与本期营业收入之比

单位：%

公司 \ 年份	2015	2014	2013
*ST 獐岛	4.87	−1.16	−2.53
东方海洋	158.33	−12.19	−7.27
国联水产	−1.28	0.23	−3.91

（1）现金流入结构分析。对表 5-2 进行调整，计算企业经营活动现金流入、投资活动现金流入和筹资活动现金流入占全部现金流入的比重，以及各项活动现金流入中具体项目在该类活动现金流入的结构和比重，得到 *ST 獐岛 2015 年现金流入结构分析表，如表 5-4 所示。

表 5-4　*ST 獐岛 2015 年现金流入结构分析表

项目	期初余额（元）	占现金流入比例（%）	期末余额（元）	占现金流入比例（%）	内部结构（%）
销售商品提供劳务收到的现金	2,753,940,000	39.78	2,872,530,000	42.25	89.44
收到的税费返还	9,720,430	0.14	19,467,000	0.29	0.61
收到的其他与经营活动有关的现金	143,329,000	2.07	319,670,000	4.70	9.95
经营活动现金流入小计	2,906,990,000	41.99	3,211,660,000	47.24	100.00
取得投资收益所收到的现金	1,764,000	0.03	1,764,000	0.03	3.93
处置固定资产无形资产和其他长期资产所收回的现金净额	1,132,160	0.02	27,164,900	0.40	60.46
收到的其他与投资活动有关的现金	23,000,000	0.33	16,000,000	0.24	35.61
投资活动现金流入小计	25,896,200	0.37	44,928,900	0.66	100.00
吸收投资收到的现金	0	0.00	215,500	0.00	0.01
取得借款收到的现金	3,969,870,000	57.35	3,542,150,000	52.10	99.99
收到的其他与筹资活动有关的现金	20,000,000	0.29	0	0.00	0.00
筹资活动现金流入小计	3,989,870,000	57.63	3,542,370,000	52.10	100.00
现金流入合计	6,922,756,200	100.00	6,798,958,900	100.00	

从表 5-4 可以看出，本期现金流入合计为 6,798,958,900 元，其中，经营活动现金流入为 3,211,660,000 元，占总现金流入量的比重为 47.24%；投资活动现金流入量为 44,928,900 元，占总现金流入量的比重为 0.66%；筹资活动现金流入为 3,542,370,000 元，占总现金流入量的比重为 52.10%。上期现金流入合计为 6,922,756,200 元，其中：经营活动现金流入为2,906,990,000 元，占总现金流入量的比重为 41.99%；投资活动现金流入量为 25,896,200 元，占总现金流入量的比重为 0.37%；筹资活动现金流入为 3,989,870,000 元，占总现金流入量的比重为 57.63%。该企业近两年现金流入主要来自经营活动的现金流入量和筹资活动现金流入量。其中：在经营活动现金流入量中，销售商品、提供劳务收到的现金占比最大，即主营业务活动现金流入；筹资活动现金流入量主要来源于借款现金流入，这与企业的投资增长呈现较为合理的一致性。总体上属于正常状态，各项目占总现金流量的比重处于较为稳定的状态。

（2）现金流出结构分析。对表 5-2 进行调整，计算企业经营活动现金流出、投资活动现金流出和筹资活动现金流出占全部现金流出的比重，以及各项活动现金流出中具体项目在该类活动现金流出的结构和比重，得到 *ST 獐岛 2015 年现金流出结构分析表，如表 5-5 所示。

表 5-5　*ST 獐岛 2015 年现金流出结构分析表

项目	期初余额（元）	占现金流出比例（%）	期末余额（元）	占现金流出比例（%）	内部结构（%）
购买商品接受劳务支付的现金	2,256,560,000	32.51	2,279,410,000	34.14	78.76
支付给职工以及为职工支付的现金	387,023,000	5.58	368,985,000	5.53	12.75
支付的各项税费	46,722,600	0.67	15,917,500	0.24	0.55
支付的其他与经营活动有关的现金	168,500,000	2.43	229,645,000	3.44	7.94
经营活动现金流出小计	2,858,800,000	41.19	2,893,960,000	43.35	100.00
购建固定资产无形资产和其他长期资产所支付的现金	225,844,000	3.25	73,124,500	1.10	74.36
投资所支付的现金	40,800,000	0.59	3,250,000	0.05	3.31
取得子公司及其他营业单位支付的现金净额	243,444,000	3.51	5,960,960	0.09	6.06
支付的其他与投资活动有关的现金	34,000,000	0.49	16,000,000	0.24	16.27

续表

项目	期初余额（元）	占现金流出比例（%）	期末余额（元）	占现金流出比例（%）	内部结构（%）
投资活动现金流出小计	544,088,000	7.84	98,335,400	1.47	100.00
偿还债务所支付的现金	3,242,670,000	46.72	3,487,750,000	52.24	94.68
分配股利或利润所支付的现金	295,042,000	4.25	195,948,000	2.94	5.32
筹资活动现金流出小计	3,537,710,000	50.97	3,683,700,000	55.18	100.00
现金流出合计	6,940,598,000	100.00	6,675,995,400	100.00	

从表 5-5 可以看出，本期现金流出合计为 6,675,995,400 元，其中：经营活动现金流出为 2,893,960,000 元，占总现金流量的比重为 43.35%；投资活动现金流出量为 98,335,400 元，占总现金流出量的比重为 1.47%；筹资活动现金流出为 3,683,700,000 元，占总现金流出量的比重为 55.18%。上期现金流出合计为 6,940,598,000 元，其中：经营活动现金流出为 2,858,800,000 元，占总现金流出量的比重为 41.19%；投资活动现金流出量为 544,088,000 元，占总现金流出量的比重为 7.84%；筹资活动现金流出为 3,537,710,000 元，占总现金流出量的比重为 50.97%。分析发现，近两年企业现金流出主要出自经营活动和筹资活动，其中，企业经营活动现金流出很大，说明企业资金需求主要为满足企业日常经营活动，即经营活动是企业主要的事实；企业筹资活动现金流出很大，主要是企业满足经营需求和投资需求。经营活动中购买商品接受劳务支付的现金占有较大比重，进一步印证了经营活动是企业主导的事实。总体上企业现金流出结构比较正常。

（3）现金流量净额结构分析。根据 *ST 獐岛 2015 年现金流量表结构分析表编制以下现金流量净额结构分析表，如表 5-6 所示。

表 5-6　*ST 獐岛 2015 年现金流量净额结构分析表

项目	期初余额（元）	占净现金流量比例（%）	期末余额（元）	占净现金流量比例（%）
经营活动产生的现金净额	48,193,000	−156.16	317,707,000	239.17
投资活动产生的现金流量净额	−518,192,000	1679.11	−53,406,600	−40.20
筹资活动产生的现金流量净额	452,166,000	−1465.16	−141,330,000	−106.39
合计	−17,833,000	100	122,970,400	100

从表 5-6 发现，*ST 獐岛 2015 年经营活动现金净额为 317,707,000 元，比上期 48,193,000 元大幅增加，在净现金流量中的比重大幅提高，说明企业经营活动产生现金净流量的能力在增强。企业的投资活动现金流量净流出较去年减少，主要是因为企业固定资产投资项目减少。企业筹资活动现金流量净流出大幅增加，从去年的净流入 452,166,000 元，改变为净流出 141,330,000 元，主要是企业为了偿还债务大量支出现金，说明企业在以前借款较多，本期能够偿还本息，同时企业未来的偿债压力和财务风险减小。上期企业的投资活动现金净流出量不能完全通过经营活动和筹资活动产生的净流入来有效补充，导致获得净现金流量合计为-17,833,000 元，而本期企业获得净现金流量为 122,970,400 元，说明企业经营活动产生的净流入可以负担投资活动和筹资活动现金净流出，现金流量平衡能力有所增强。

5.3.2　现金偿债能力分析

下面对 *ST 獐岛的现金偿债能力进行分析，识别该公司现金偿债能力。

5.3.2.1　系统具体操作

第一步，进入哲睿企业经营分析与预测系统，点击财务报表分析按钮，从下拉菜单中选择财务比率数据表。如图 5-12 所示。

图 5-12　财务比率数据表分析界面

第二步，从"选择类别"的下拉菜单中选择偿债能力分析，如图5–13所示。

图 5–13　偿债能力数据分析界面

第三步，点击"输出 Excel"，命名文件名后保存，如图5–14所示。

图 5–14　偿债能力数据分析输出界面

第四步，对输出的现金偿债能力分析数据进行整理，得出 2011~2015 年度的 *ST 獐岛现金偿债能力指标值，如表 5-7 所示。

表 5-7 *ST 獐岛现金偿债能力指标值

单位：%

财务指标 \ 时间	2011-12-31	2012-12-31	2013-12-31	2014-12-31	2015-12-31
净现金流量对负债率	5.80	-2.01	-2.31	3.60	-0.45
货币资金比率	39.45	25.10	18.55	19.89	24.87
即付比率	46.70	27.41	21.08	24.99	49.26
现金流量比率	15.44	-10.69	1.79	1.86	9.11

5.3.2.2 *ST 獐岛现金偿债能力具体分析

（1）现金债务总额比率（净现金流量对负债率）。现金债务总额比率是指经营活动现金流量净额与期初、期末负债平均余额的比率，用来衡量企业的负债总额用经营活动所产生的现金来支付的程度。其计算公式如下：

现金债务总额比率 = 经营活动现金流量净额/负债平均余额 × 100%

企业真正能用于偿还债务的是现金流量，通过现金流量和债务的比较可以更好地反映企业的偿债能力。现金债务总额比率能够反映企业生产经营活动产生的现金流量净额偿还长短期债务的能力。该比率越高，表明企业偿还债务的能力越强。

在哲睿企业经营与预测软件中，净现金流量对负债率是对现金债务总额比率的简化和调整。软件中对净现金流量对负债率定义为货币资金净额与全部债务的比率，计算公式如下：

净现金流量对负债率 = (本期货币资金余额 – 期初货币资金余额)/总负债 × 100%

该指标同样是一个较综合反映企业偿债能力的比率，反映企业用货币资金偿付全部债务的能力，是评价企业长短期偿债能力的重要指标，同时也是预测公司破产的重要指标，该指标越高，企业承担债务的能力越强。

如图 5-15 所示，*ST 獐岛净现金流量对负债率在 2011~2015 年波动幅度较大。2011 年末该指标值为 5.8%，正值说明企业偿还企业负债的货币资金较上年有所增加，2012 年、2013 年该指标值为负值，说明本期货币资金数额较上期货币资金数额是减少的，企业无法完全依靠经营活动产生的现金流量来偿还企业债务，企业偿债能力减弱，2014 年有所改善，但 2015 年同样表现不佳。通过该指标分析可以看出，*ST 獐岛使用现金流量偿还企业长短期债务的能力不足，企业偿还债务的能力有待加强。

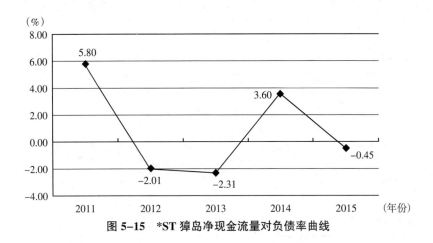

图 5-15　*ST 獐岛净现金流量对负债率曲线

（2）货币资金率。货币资金率是按货币资金与流动负债之比计算的现金比率。其计算公式如下：

货币资金率 = 货币资金/流动负债 × 100%

货币资金率反映企业每 1 元流动负债有多少货币资金可以作为偿还的保障。货币资金是变现能力最强的资产，也是最能反映企业实际偿付流动负债的能力，由此比率来衡量企业的短期偿债能力也更为保险和安全。但是，货币资金率并非越高越好，高货币资金率可能意味着企业未能有效利用现金资产，资产结构安排不合理，资金使用效率较低。

从图 5-16 可以看出，*ST 獐岛 2011~2013 年货币资金率呈下降趋势，主要是由于货币资金三年连续递减，流动负债三年连续增加导致。2014 年、2015 年指标值开始呈上升趋势。由图 5-16 和表 5-8 可知，企业还是具有一定短期偿债能力的，并且货币资金率保持在合理范围，说明企业利用资金也是有效率的。

表 5-8　*ST 獐岛货币资金比率指标值

项目 \ 年份	2011	2012	2013	2014	2015
货币资金（元）	575,823,000	528,178,000	461,774,000	595,861,000	579,528,000
流动负债（元）	1,701,510,000	2,364,390,000	2,874,460,000	3,721,690,000	3,577,200,000
货币资金比率（%）	39.45	25.10	18.55	19.89	24.87

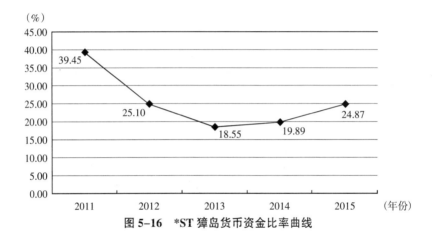

图 5-16　*ST 獐岛货币资金比率曲线

（3）即付比率。即付比率是指企业现金及现金等价物与近期内需要偿还的流动负债的比率。反映企业利用现金流偿还即将到期的短期债务的能力。其计算公式如下：

即付比率 = 期末现金及现金等价物/（流动负债 - 预收账款 - 6 个月以上的流动负债）× 100%

即付比率是一个动态指标，是对现金流量与流动负债比率、流动比率等指标的进一步补充。该比率越高说明企业短期偿债能力越强，现金偿还的时效性越好。当该指标值大于或等于 1 时，表明企业当期获取的现金流量可以偿还近期到期的债务；否则无力偿还近期到期的债务，意味着企业创造现金流能力不佳，资金周转不畅。

如图 5-17 所示，2011~2013 年，*ST 獐岛的即付比率呈下降趋势，2013~2015 年，*ST 獐岛的即付比率呈上升趋势，但 *ST 獐岛即付比率都低于 1，甚至低于 50%，表明企业用于偿还流动债务的现金流还不足流动负债的一半，支付能力明显不足，应采取积极有效的措施，从各种渠道筹集资金，以便按期清偿债务，保证企业生产经营活动的正常进行。

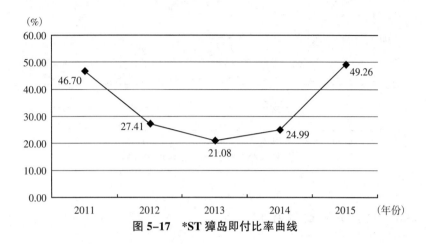

图 5-17　*ST 獐岛即付比率曲线

（4）现金流量与流动负债比率（现金流量比率）。现金流量比率是经营活动现金流量净额与流动负债的比率，表示 1 元的流动负债有多少经营活动现金流量可以作为偿还的保障。现金流量比率是一个动态指标。其计算公式如下：

现金流量比率＝经营活动现金流量净额/流动负债×100%

通过经营活动创造的现金流量是企业现金流量的最基本来源，因而现金流量与流动负债比率最能反映企业偿还短期债务的能力。该指标大于或等于 1 时，表明企业通过经营活动获取的现金流量可以偿还短期债务；否则不足以偿还短期债务，尚需要动用投资活动或筹资活动的现金流来偿还短期债务。

如图 5-18 所示，2011 年末至 2012 年末，*ST 獐岛的现金流量比率出现大跳水，由 15.44% 下降到 -10.69%，2012 年现金流量比率出现负值，说明由经营活动获取的现金流不足以支付流动负债，出现明显的财务风险。2013~2015 年，现金流量比率表现逐渐好转，在 2015 年有较大幅度的提升，说明企业在加强主营业务创造现金流的能力，加强企业偿还到期债务基本资金来源的保障。但是该指标值一直处于小于 1 的状态，说明企业经营活动现金流量净额偿还短期债务还存在不足，需要借助投资活动或筹资活动现金流量才能够按期偿还短期债务本息。

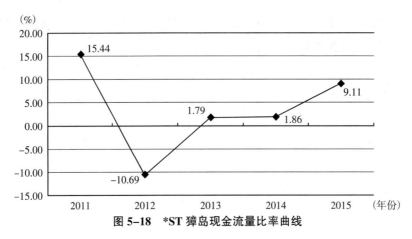

图 5-18 *ST 獐岛现金流量比率曲线

5.3.3 现金盈利能力分析

下面对 *ST 獐岛的现金盈利能力进行分析，识别该公司现金收益能力。

5.3.3.1 系统具体操作

第一步，进入哲睿企业经营分析与预测系统，点击财务报表分析按钮，从下拉菜单中选择财务比率数据表，如图 5-19 所示。

图 5-19 财务比率数据表分析界面

第二步，从"选择类别"的下拉菜单中分别选择财务成果分析、盈利能力分析、营运效率分析，如图 5-20 所示。

图 5-20　财务比率数据分析界面

第三步，点击"输出 Excel"，命名文件名后保存，如图 5-21 所示。

图 5-21　盈利能力数据分析输出界面

第四步，对输出的现金盈利能力分析数据进行整理，得出 2011~2015 年度的*ST 獐岛现金盈利能力分析表，如表 5-9 所示。

表 5-9　*ST 獐岛现金盈利能力分析表

单位：%

时间 财务指标	2011-12-31	2012-12-31	2013-12-31	2014-12-31	2015-12-31
盈余现金费用率	-13.17	-9.89	-7.75	-16.30	8.85
盈余现金保障倍数	16.51	365.34	196.10	-4.03	-129.44
每股经营净现金流量	11.72	54.80	27.45	6.73	44.01

5.3.3.2　*ST 獐岛现金盈利能力具体分析

（1）盈余现金费用率。盈余现金费用率是企业现金流量净额与成本费用总额的比率，其计算公式如下：

盈余现金费用率 = 现金流量净额/成本费用 × 100%

该指标反映企业成本费用与现金流量之间的关系，是从总耗用的角度考核企业现金流获取情况的指标。该指标表示每 1 元成本费用能产生多少净现金流量，该指标越大越好。因为盈余现金费用率越大意味着同样的成本费用能取得更多的现金流，表明企业的盈利能力越强。

在哲睿企业经营与预测软件中，对盈余现金费用率进行了调整，使用经营活动产生的现金净额与投资活动产生的现金净额之和替代企业现金流量净额，剔除了筹资活动产生的现金流量净额，使用完全由企业自身运营产生的现金流量与成本费用进行比较，结果更具分析价值。其计算公式如下：

盈余现金费用率 =（经营活动产生的现金净额 + 投资活动产生的现金流量净额）/（营业成本 + 销售费用 + 管理费用 + 财务费用）× 100%

如图 5-22 所示，*ST 獐岛 2011~2014 年经营活动产生净现金流量与投资活动产生净现金流量之和为负值，因此盈余现金费用率指标为负值。主要原因为企业在此期间投资项目较多，投资活动主要表现为现金流出，自身运营产生的现金流量难以完全负担企业成本费用，需要通过筹集资金等渠道来运转。2015 年固定资产投资项目减少，收回投资资金，使得现金流量净额由负转正，该指标表现有所改善。

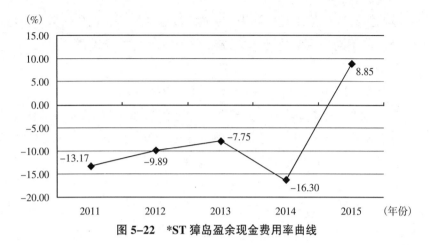

图 5-22　*ST 獐岛盈余现金费用率曲线

将 *ST 獐岛盈余现金费用率指标值与行业均值进行比较，由于行业大环境在分析年度表现低迷，*ST 獐岛盈余现金费用率指标值基本高于行业均值，如表 5-10 和图 5-23 所示。

表 5-10　*ST 獐岛盈余现金费用率指标值

单位：%

指标名称	2011-12-31	2012-12-31	2013-12-31	2014-12-31	2015-12-31
盈余现金费用率	-13.17	-9.89	-7.75	-16.30	8.85
行业均值（农林牧渔）	-18.36	-16.65	-17.97	-15.90	-47.39

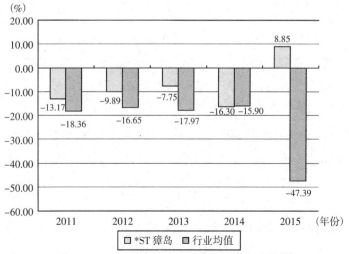

图 5-23　*ST 獐岛盈余现金费用率与行业比较

（2）盈余现金保障倍数。盈余现金保障倍数也称净利润现金含量，是经营活动产生的现金流量与净利润之比。它反映企业当期实现净利润中创造的现金流量。其计算公式如下：

盈余现金保障倍数 = 经营活动现金流量净额/净利润 × 100%

这一比率反映公司本期经营活动产生的现金流量净额与净利润之间的比率关系。在一般情况下，比率越大，公司盈利质量就越高。若该比率小于1，说明本期净利润中存在尚未实现现金的收入。在这种情况下，即便企业盈利，也有可能发生现金短缺。该指标一直小于1，甚至为负数，则公司盈利质量相当低下，严重时会导致公司破产。如果企业操纵账面利润，一般是没有相应的现金流量的，这个指标对于防止企业操纵利润而给报表使用者带来误导有一定的作用。

利润表中净利润并不能反映企业生产经营活动产生了多少现金，通过经营活动的现金流量与会计利润进行比较，就可以对利润的质量进行具体评价了。但此比率不宜过高，保持商业信用也是企业生存发展所必需的。

表 5-11   *ST 獐岛盈余现金保障倍数指标值

时间 \ 指标名称	2011-12-31	2012-12-31	2013-12-31	2014-12-31	2015-12-31
经营活动产生的现金净额（元）	82,141,800	378,451,000	190,812,000	48,193,000	317,707,000
净利润（元）	497,231,000	103,586,000	97,302,800	-1,195,220,000	-245,439,000
盈余现金保障倍数（%）	16.51	365.34	196.10	-4.03	-129.44

从表 5-11 可以看出，2011 年盈余现金保障倍数为 16.51%，公司本年净利润中盈利质量较低，净利润中还存在未实现的现金收入。2012~2013 年盈余现金保障倍数均大于 1，说明公司盈利质量得到很大改善。2014 年、2015 年 *ST 獐岛净利润为负值，虽然两年经营活动产生的现金流量净额为正，但盈余现金保障倍数还是呈现负值状态。*ST 獐岛 2014 年因遭遇北黄海异常的冷水团，公司百万亩即将进入收获期的虾夷扇贝绝收，进而计提近 8 亿元亏损，造成全年大幅亏损。2014 年成为 *ST 獐岛业绩拐点，2015 年继续亏损，没有扭转局势，企业盈利能力较差。

（3）每股经营净现金流量。每股经营净现金流量实质上作为每股盈利的支付保障的现金流量。每股现金净流量反映平均每股普通股在外的普通股股票所占的现金流量，也反映企业为每股普通股获得的现金流入量。其计算公式如下：

每股经营净现金流量＝经营活动现金流量净额/流通在外的普通股股数

该指标通常高于每股收益，因为现金流量中没有减去折旧等非付现成本。该比率越大说明企业进行资本支出和支付股利的能力越强。

从图 5-24 可以看出，*ST 獐岛 2011~2015 年每股经营净现金流量波动幅度比较大，2012 年达到五年来峰值，为 0.55 元，2014 年最低，仅为 0.07 元。与两家同行业竞争对手进行比较发现，*ST 獐岛每股经营净现金流量表现比较不错，有能力进行一定的资本支出和股利支付，说明其盈利质量在同业中具有一定领先地位。

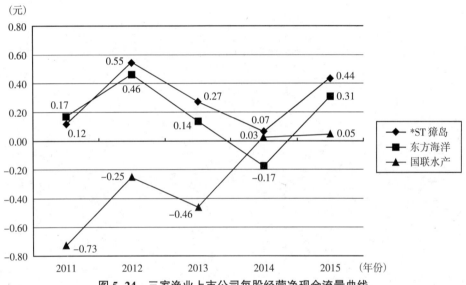

图 5-24　三家渔业上市公司每股经营净现金流量曲线

‖第6章‖
财务报告综合分析

6.1 实训目的

通过财务报告综合分析，使学生对杜邦财务分析体系和沃尔评分分析体系有更深刻的认识，对企业一定经营期间的经营效益作出客观、公正、全面和准确的综合评判。

6.2 背景知识

6.2.1 杜邦财务分析体系

杜邦财务分析体系是由美国杜邦公司首先使用，为了全面了解和评价企业的财务状况和经营成果，利用若干相互关联的指标对营运能力、偿债能力及盈利能力之间的内在联系，对企业的财务状况进行综合分析的方法。杜邦财务分析体系的作用是解释指标变动的原因和变动趋势，为采取措施指明方向。

杜邦财务分析体系是对企业财务状况进行的自上而下的综合分析。它通过几种主要的财务指标之间的关系，直观、明了地反映出企业的偿债能力、营运能力、盈利能力及其相互之间的关系，从而提供了解决财务问题的思路和财务目标的分解、控制途径。

在杜邦财务分析体系中包含了几种主要的指标关系，可以分为两大层次。

第一层次包括：

净资产收益率 = 总资产净利润率 × 权益乘数

总资产净利率 = 销售净利率 × 总资产周转率

以上关系表明，影响企业净资产收益率最重要的因素有三个：

净资产收益率 = 销售净利率 × 总资产周转率 × 权益乘数

第二层次包括：

销售净利率 = 净利润 / 营业收入

总资产周转率 = 营业收入 / 总资产

净资产收益率反映所有者投入资本的获利能力，它取决于企业的总资产净利率和权益乘数。总资产净利润率反映企业运用资产进行生产经营活动效率的高低，而权益乘数则主要反映企业的筹资情况，即企业资金来源结构。

总资产净利率是反映企业获利能力的一个重要财务比率，它揭示了企业生产经营活动的效率，综合性也极强。企业的销售收入、成本费用、资产结构、资产周转速度以及资金占用量等各种因素，都直接影响到总资产净利润率的高低。总资产净利润率是销售净利率与总资产周转率的乘积。因此，可以从企业的销售活动与资产管理两个方面来进行分析。

销售净利率反映企业净利润与销售净额之间的关系，一般来说，销售收入增加，企业的净利润会随之增加，但是，要想提高销售净利率，必须一方面提高销售收入，另一方面降低各种成本费用，这样才能使净利润的增长高于销售收入的增长，从而使销售净利率得到提高。

权益乘数既是反映企业资本结构的指标，也是反映企业偿债能力的指标，是企业资本经营即筹资活动的结果，它对提高净资产收益率起到杠杆作用。适度开展负债经营，合理安排企业资本结构，可以提高净资产收益率。

分析企业的资产结构是否合理，即流动资产与非流动资产的比例是否合理。资产结构不仅影响到企业的偿债能力，也影响企业的获利能力。一般来说，如果企业流动资产中货币资金占的比重过大，就应当分析企业现金持有量是否合理，有无现金闲置现象，因为过量的现金会影响企业的获利能力；如果流动资产中的存货与应收账款过多，就会占用大量的资金，影响企业的资金周转。

结合销售收入分析企业的资产周转情况。资产周转速度直接影响到企业的获利能力，如果企业资产周转较慢，就会占用大量资金，增加资金成本，减少企业的利润。资产周转情况的分析，不仅要分析企业的总资产周转率，更要分析企业的存货周转率与应收账款周转率，并将其周转情况与资金占用情况结合分析。

6.2.2　沃尔评分法

沃尔评分法是指将选定的财务比率用线性关系结合起来，并分别给定各自的分数比重，然后通过与标准比率进行比较，确定各项指标的得分及总体指标的累计分数，从而对企业的信用水平做出评价的方法。

财务状况综合评价先驱者之一的亚历山大·沃尔，在其出版的《信用晴雨表研究》和《财务报表比率分析》中提出了信用能力指数的概念，把若干个财务比率用线性关系结合起来，以此评价企业的信用水平。他选择了七种财务比率，即流动比率、产权比率、固定资产比率、存货周转率、应收账款周转率、固定资产周转率和自有资金周转率，分别给定各指标在总评价中所占的比重，综合为100分。然后确定标准比率（以行业平均数为基础），将实际比率与标准比率相比，得出相对比率，将此相对比率与各指标比重相乘，得出总评分。用户在这里也可以设置自己的标准比率，进行分析比较。

沃尔评分法的程序。选定评价指标并分配权重，确定各项财务评价指标的标准值，对各项评价指标计分并计算综合分数，形成评价结果。

沃尔评分法的缺陷及使用中应注意的问题。沃尔评分法从理论上讲存在一个明显的问题，就是未能证明为什么要选择这七个指标，而不是更多或更少些，或者选择其他财务比率，以及未能证明每个指标所占比重的合理性。这个问题至今仍然没有从理论上得到解决。沃尔评分法从技术上讲也存在一个问题，就是某一个指标严重异常时，会对总评分产生不合逻辑的重大影响。这个问题是由财务比率与其比重相乘引起的。财务比率提高1倍，评分增加100%；而缩小1倍，其评分只减少50%。

采用沃尔评分法评价企业综合财务状况时，应该注意方法的有效性，它依赖于重要性权数和标准比率的正确确定，而这两项因素在确定时，往往带有一定的主观性，因此，这两项因素应根据历史经验和现实情况合理地判断确定，只有这样才能得出正确的结果。

6.3　实训项目

6.3.1　杜邦财务体系分析

6.3.1.1　系统具体操作

第一步，进入哲睿企业经营分析与预测系统，填写分析内容，如图6-1所示。

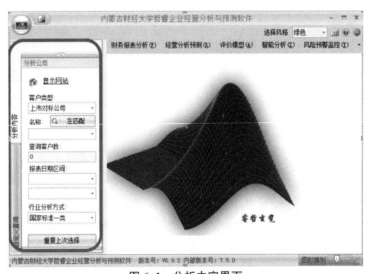

图6-1　分析内容界面

第二步，名称输入 *ST 獐岛，如图6-2所示。

第三步，点击"左匹配"，之后点击"*ST 獐岛"，系统自动填写客户代码，如图6-3所示。

第四步，填写报表日期区间，点击下拉菜单按钮（向下小箭头），选择报表日期分析区间，如图6-4所示。

第五步，点击"经营分析预测"按钮，选择"杜邦财务体系分析"分析，从中选择"传统杜邦体系分析"，如图6-5所示。

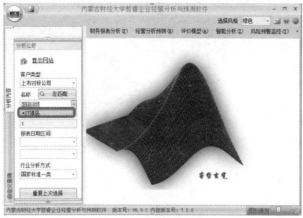

图 6-2　分析名称界面

图 6-3　分析客户代码界面

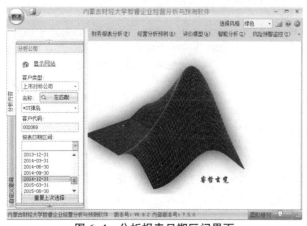

图 6-4　分析报表日期区间界面

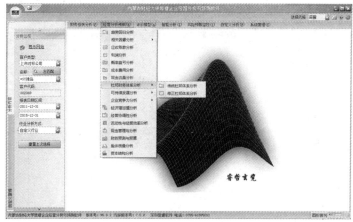

图6-5　杜邦财务体系分析界面

第六步，选择"累计"复选框，当对不同月、季度、半年等实际发生的数据进行比较分析时，可以选择"当期"复选框，使用当期数据，如图6-6所示。

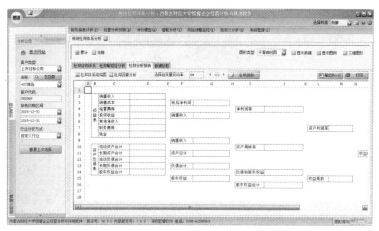

图6-6　杜邦财务体系分析界面

第七步，选择杜邦体系结构图，点击生成报告，如图6-7所示。

第八步，点击"输出Excel"，如图6-8所示。

将报表日期区间分别选择"2015-12-31""2014-12-31"，各自生成该年度杜邦财务体系图，输出Excel合并制作 *ST獐岛2015年度杜邦财务体系图，如图6-9所示。

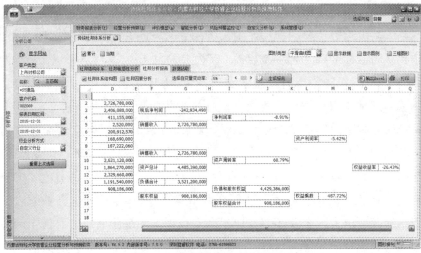

图 6-7　杜邦财务体系分析界面

图 6-8　杜邦财务体系分析界面

6.3.1.2　杜邦财务体系分析

从图 6-9 可以看出，2014 年、2015 年 *ST 獐岛收益率分别为-101.8%、-26.43%，均为负值，主要原因是 2014 年出现"冷水团"事件，导致企业亏损引起利润总额为负，而 2015 年净利润为-245,439,000 元，较 2014 年净利润-1,195,220,000 元亏损减少，但还是没有扭转亏损局面。

观察总资产净利率和权益乘数发现，两者均有相应的变化，因此可知净资产收益率变化是由总资产净利率和业主权益乘数两方面共同影响的结果。其中，总资产净利率由–24.38%上升到–5.42%，权益乘数由4.18提高到4.88，由于两者共同提高导致2015年净资产后收益率较2014年增加。

总资产净利率由于净利润为负，同样表现为负值，2015年较2014年有所提升。总资产净利率由销售净利率和总资产周转率共同影响作用。尽管销售净利率2015年较2014年有所提高，但参考 *ST 獐岛利润表数据可知，营业收入2015年较2014年增长2.43%，而营业成本较2014年增长4.97%，营业收入的增长幅度还不及营业成本的增长幅度，说明企业虽然在2015年扩大了营业收入，但成本费用增加幅度更大，企业还需在成本费用控制方面加强管理，开源节流才是销售净利率得到提高的保证。

总资产周转率2015年较2014年略有提升，是由于2015年销售收入增加而总资产规模减小所致，总资产中流动资产和非流动资产均有所下降。比照企业营运能力分析可知，企业流动资产周转率指标值低于行业平均值，需要加强流动资产管理，提高流动资产利用效率；应收账款周转率呈下降趋势；存货周转率呈上升趋势，但由于"冷水团"事件，存货骤然减少所致。由此可见，*ST 獐岛总资产周转率虽有所提升，但其营运效率并没有发生实质上的改善。

权益乘数上升说明企业的资本结构发生变化。流动负债2015年较2014年有所减少，非流动负债增加，股东权益下降。2014年"冷水团"事件影响了股权筹资，使投资者投资规模减小，参照企业偿债能力分析可知，2014年、2015年的资产负债率都超过了70%，产权比率大于1，说明企业举债过度，偿债能力不足，资本结构不合理，存在很大财务风险。

总体来说，*ST 獐岛由于"冷水团"事件影响尚未走出困局，通过企业内外部调整正在向好的方向发展，但是企业内部存在的问题不容忽视，成本费用控制、资本结构调整等问题还需经营者重点关注，否则会成为制约企业发展的因素。

		2015 年	2014 年
	销售收入	2,726,780,000.00	2,662,210,000.00
	销售成本	2,406,080,000.00	2,292,220,000.00
损	经营费用	411,155,000.00	439,791,000.00
益	投资收益	2,520,000.00	1,141,760.00
表	其他净收入	200,912,570.00	-1,091,849,890.00
	财务费用	168,690,000.00	149,731,000.00
	税金	187,222,060.00	-120,909,730.00

		2015 年	2014 年
	流动资产合计	2,621,120,000.00	2,727,750,000.00
资产	长期资产合计	1,864,270,000.00	2,150,490,000.00
负债	流动负债合计	2,329,660,000.00	2,995,410,000.00
	长期负债合计	1,191,540,000.00	677,423,900.00
表	股东权益	908,186,000.00	1,156,560,000.00

		2015 年	-242,934,490.00
税后利润	2015 年		
	2014 年		-1,189,330,400.00
销售收入	2015 年	2,726,780,000.00
	2014 年	2,662,210,000.00

销售收入	2015 年	2,726,780,000.00
	2014 年	2,662,210,000.00
资产总计	2015 年	4,485,390,000.00
	2014 年	4,878,240,000.00
负债合计	2015 年	3,521,200,000.00
	2014 年	3,672,833,900.00
股东权益	2015 年	908,186,000.00
	2014 年	1,156,560,000.00

销售净利率	2015 年	-8.91%
	2014 年	-44.67%

总资产周转率	2015 年	60.79%
	2014 年	54.57%

负债和股东权益	2015 年	4,429,386,000.00
	2014 年	4,829,393,900.00
股东权益合计	2015 年	908,186,000.00
	2014 年	1,156,560,000.00

总资产净利率	2015 年	-5.42%
	2014 年	-24.38%

权益乘数	2015 年	4.88
	2014 年	4.18

权益收益率	2015 年	-26.43%
	2014 年	-101.8%

图 6-9　*ST 漳岛 2015 年度杜邦财务体系

6.3.2　沃尔评分法分析

6.3.2.1　系统具体操作

第一步，进入哲睿企业经营分析与预测系统，填写分析内容，如图6-10所示。

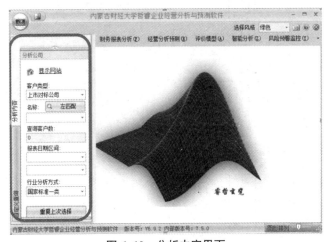

图6-10　分析内容界面

第二步，名称输入"*ST獐岛"，如图6-11所示。

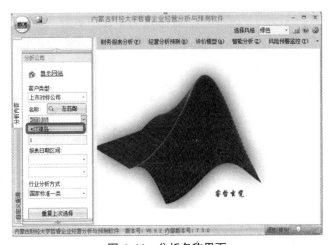

图6-11　分析名称界面

第三步，点击"左匹配"，之后点击"*ST獐岛"，系统自动填写客户代码，如图 6-12 所示。

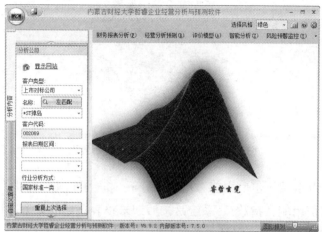

图 6-12 分析客户代码界面

第四步，填写报表日期区间，点击下拉菜单按钮（向下小箭头），选择报表日期分析区间，如图 6-13 所示。

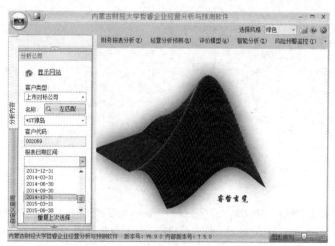

图 6-13 分析报表日期区间界面

第五步，点击"评价模型"按钮，选择"沃尔信用能力指数"分析，如图 6-14 所示。

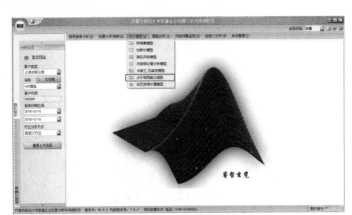

图 6-14　沃尔信用能力指数分析界面

第六步，点击"沃尔信用能力指数"分析，得到如图 6-15 所示界面。系统默认为"沃尔信用能力指数"。系统是按照期末报表日期的数据进行计算的。选择"累计"复选框。当对不同月、季度、半年等实际发生的数据进行比较分析时，可以使用当期数据。

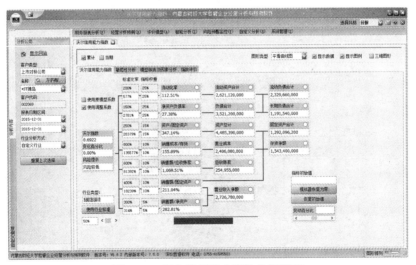

图 6-15　沃尔信用能力指数分析界面

若选择"使用原模型系数"，则在"使用原模型系数"前的复选框中打勾即可，由于沃尔模型系数是由标准比率值确定的，如果国外的原模型系数不能适应用户分析客户的需要，用户也可以使用自己的调整系数进行分析。在"使用调整系数"前的复选框中打勾，并点击"恢复初始值"按钮，在各个指标下方的数据框中输入用户自己的调整系数，系统就会按照调整系数计算沃尔指数，并进行动态模拟和其他分析。同时用户也可以使用行业标准作为标准比率，计算沃尔指数，点击"使用行业标准"，注意行业标准是行业极大值减去极小值之后的百分比，如果100%就是极大标准，系统默认为50%，用户可以调整行业百分比去适应分析的需要。

本实训研究对象 *ST 獐岛属于农林牧渔行业，分析选择"使用行业标准"。

图 6-15 沃尔信用能力指数分析界面下方显示"绿色"颜色条，此处用颜色表示风险程度，红、黄、绿色分别代表风险程度的大小，并出现风险提示。

第七步，选择"模型报告及因素分析"，点击"生成报告"，选择沃尔指数结构，如图 6-16 所示。

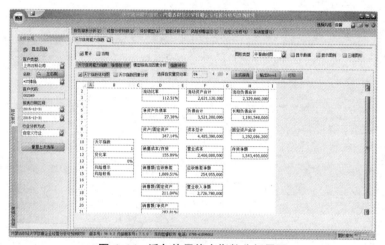

图 6-16 沃尔信用能力指数分析界面

第八步，点击"输出 Excel"，可保存沃尔指数结构，如图 6-17 所示。

第九步，选择"指数评价"，在"累计"和"当期"前的复选框中打勾，可以直接实现数据切换；"图形类型"选择默认平滑曲线；在"显示数据""显示图例"前的复选框中打勾；在"实际标准比较""实际值""标准值""评价值""实际得分"和"指标贡献度"前的复选框中点击选中，点击"指标评价"生成图表，看到不同的图形显示。和其他分析一样，所有的分析结构和图形都可以输出，如图 6-18 所示。

第十步，点击"输出 Excel"，可保存指标评价表，点击"图形输出"，可保存沃尔分析图。

图 6-17　沃尔信用能力指数分析界面

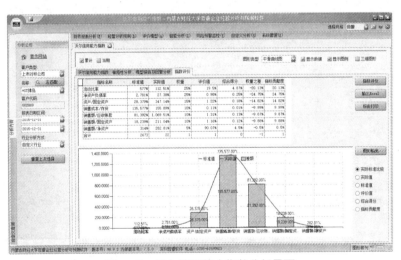

图 6-18　沃尔信用能力指数分析界面

6.3.2.2　沃尔评分法分析

*ST 獐岛属于农林牧渔行业，选择该类行业标准进行比较，将 *ST 獐岛 2015 年七项财务比率值与行业标准值进行比较得到表 6-1。从表 6-1 可以看出，*ST 獐岛 2015 年偿债能力、营运能力以及盈利能力都与行业标准值差距较大，综合得分仅有 10.07 分，根据沃尔评分评价原则，企业处于高风险状态，财务状况和经营前景不容乐观。

在使用沃尔评分分析方法时，经营预测软件中只有行业大类划分，并没有把行业进行细分，*ST 獐岛属于水产业，又称渔业，而软件中将农、林、牧业与之混合比较，不同行业企业经营环境与经营模式有所差异，标准比率和重要性权数的确定相对水产业的针对性不强，影响了行业标准值与公司实际值的比较结果，从而导致分析结果不准确。综观 *ST 獐岛 2011~2015 年沃尔综合得分，见表 6-2，可见 *ST 獐岛各项能力综合评分 2011 年、2012 年表现平稳，2013 年底出现下滑，2014 年遭遇"冷水团"事件，公司出现大幅亏损，导致偿债能力、营运能力和盈利能力表现不佳，2015 年通过企业调整，综合表现开始好转。

表 6-1　*ST 獐岛 2015 年沃尔指数评价表

单位：%

指标名称	标准值 A	实际值 B	权重 C	评价值 D=B/A	综合得分 E=C×D	权重之差 F=E−C	指标贡献度
流动比率	577.00	112.51	25.00	19.50	4.87	−20.13	20.13
净资产负债率	2781.00	27.38	25.00	0.98	0.25	−24.75	24.75
资产/固定资产	28379.00	347.14	15.00	1.22	0.18	−14.82	14.82
销售成本/存货	135577.00	155.89	10.00	0.11	0.01	−9.99	9.99
销售额/应收账款	81392.00	1069.51	10.00	1.31	0.13	−9.87	9.87
销售额/固定资产	18239.00	211.04	10.00	1.16	0.12	−9.88	9.88
销售额/净资产	314.00	282.81	5.00	90.07	4.50	−0.50	0.50
合计	267259.00	2206.28	100.00	114.36	10.07	−89.93	89.93

表 6-2　*ST 獐岛 2011~2015 年沃尔指数综合得分表

单位：%

项目综合得分 权重×评价值 ＼ 年份	2011	2012	2013	2014	2015
流动比率	4.51	6.14	2.52	1.98	4.87
净资产负债率	2.42	4.44	0.61	0.29	0.25
资产/固定资产	2.11	0.96	0.26	0.36	0.18
销售成本/存货	0.75	0.75	0.02	0.06	0.01
销售额/应收账款	1.11	0.15	0.62	0.32	0.13
销售额/固定资产	1.26	0.13	0.09	0.13	0.12
销售额/净资产	1.45	1.22	1.71	1.42	4.50
合计	13.61	13.79	5.83	4.56	10.07

‖第7章‖
财务分析报告写作

7.1 实训目的

通过撰写财务分析报告，检验学生掌握财务报告分析、财务效率分析和财务综合分析的方法和内容的熟练程度；是否能够对企业一定经营期间的效率和效益作出客观、公正、全面和准确的综合评价。

7.2 背景知识

7.2.1 会计要素

会计要素就是对会计所核算和监督内容的基本分类，它是会计对象的组成部分，是会计报表内容的基本框架，也是账户的归并和概括。

7.2.1.1 资产

（1）资产的概念。资产是指过去的交易、事项形成并由企业拥有或者控制的资源，该资源预期会给企业带来经济利益。它具有以下特征：资产预期会给企业带来经济利益；资产是为企业拥有的，即使不为企业拥有，也是企业所控制的；资产是由过去的交易或事项形成的。

（2）资产的分类。资产按照流动性可分为流动资产和非流动资产。

流动资产主要包括货币资金、交易性金融资产、应收票据、应收账款、预付账款、应收利息、应收股利、其他应收款、存货等。

非流动资产主要包括长期股权投资、固定资产、在建工程、工程物资、无形资产等。

7.2.1.2　负债

（1）负债的概念。负债是指过去的交易或者事项形成的预期会导致经济利益流出的现时义务。负债具有以下特征：负债的清偿预期会导致经济利益流出企业；负债是由过去的交易或者事项形成的现时义务。

（2）负债的分类。负债按其流动性分为流动负债和非流动负债。

流动负债主要包括短期借款、应付票据、应付账款、预收账款、应付职工薪酬、应交税费、应付利息、应付股利、其他应付款等。

非流动负债主要包括长期借款、应付债券、长期应付款。

7.2.1.3　所有者权益

（1）所有者权益的概念。所有者权益是指企业资产扣除负债后由所有者享有的剩余权益，其金额为资产减去负债后的余额。

（2）所有者权益的分类。所有者权益包括实收资本、资本公积、盈余公积、未分配利润。

（3）负债与所有者权益的比较。虽统称为权益，但两者性质、数量关系和偿还的法律责任不同。

7.2.1.4　收入

（1）收入的概念。收入是指企业在日常活动中形成的、会导致所有者权益增加的、与所有者投入资本无关的经济利益的总流入。其中日常活动如销售商品、提供劳务及让渡资产使用权等。

（2）收入的特征。收入是从企业的日常经营活动而不是偶发的交易或事项中产生；收入可能表现为资产的增加、负债的减少，或者二者兼而有之；收入本身能导致企业所有者权益的增加；收入只包括本企业经济利益的流入，不包括为第三方或客户代收的款项。

（3）收入的分类。收入主要包括主营业务收入、其他业务收入。

7.2.1.5　费用

（1）费用的概念。费用是指企业在日常活动中发生的、会导致所有者权益减少的、与向所有者分配利润无关的经济利益的总流出。

（2）费用的特征。费用发生于企业的日常经营活动而不发生于偶发的交易或事项；费用的发生一方面会导致资产的减少，另一方面会导致资产形态的转换；费用要以收入来补偿，本身及最终会导致所有者权益的减少。

（3）费用的分类。费用按其用途和得到补偿的时间不同分为产品生产费用和期间费用。

7.2.1.6　利润

（1）利润的概念。利润是指企业在一定会计期间的经营成果，它包括在一定会计期间内实现的收入减去费用后的净额、直接计入当期利润的利得和损失等。

（2）利润的特征。利润是收入和费用两个会计要素配比的结果；利润是广义的收入和广义的费用相抵后的差额；利润将最终导致所有者权益的增加。

（3）利润的分类。利润主要包括营业利润、利润总额、净利润。

7.2.2　财务会计报告

7.2.2.1　财务会计报告的含义

财务会计报告（有时也称为财务报告）是以日常核算资料为依据，用统一的货币计量单位总括地反映企业和机关、事业等单位在一定时期内的财务状况、经营成果和现金流量的报告文件。

7.2.2.2　财务会计报告的内容

财务会计报表是财务会计报告的主要组成部分。

财务会计报表附注是对财务会计报表的补充说明，也是财务会计报告的重要组成部分。

　　财务情况说明书是对财务会计报表的分析和补充，是对企业一定财务会计期间内财务状况、经营业绩进行分析、总结的书面文字报告，也是财务会计报告的重要组成部分。

　　财务会计报告至少应包括以下内容：企业生产经营的基本情况；利润实现和分配情况；资金增减和周转情况；对企业财务状况、经营成果和现金流量有重大影响的其他事项。

7.2.2.3　财务会计报告的作用

　　为企业的投资者进行投资决策提供必要的信息资料。

　　为企业的债权人提供企业资金运转情况、短期偿债能力和支付能力的信息资料。

　　为企业的经营管理者和职工对企业进行日常管理活动提供必要的信息资料。

　　为有关政府部门提供企业经营管理的各类信息，更好地发挥各类政府部门经济监督和调控的作用。

7.3　财务分析报告撰写指导

财务分析报告

课程名称

实训公司名称

实训时间至

班　　级

学　　号

指导教师

职　　称

实训成绩

教师签字

7.3.1 实训任务一

阅读所研究上市公司最新 20××年年度财务报告，收集上市公司所属行业的相关信息，撰写所研究上市公司概况和行业概况。具体内容如下：

7.3.1.1 公司背景及简介

（1）成立时间、创立者、性质、主营业务、所属行业、注册地。
（2）所有权结构、公司结构、主管单位。
（3）公司重大事件（如重组、并购、业务转型等）。

7.3.1.2 公司所属行业特征分析

（1）产业结构。该行业中厂商的大致数目及分布；产业集中度：该行业中前几位厂商所占的市场份额、市场占有率的具体数据（一般衡量指标为四厂商集中度或八厂商集中度）；进入壁垒和退出成本。具体需要何种条件才能进入，如资金量、技术要求、人力成本、国家相关政策等以及厂商退出该行业需花费的成本和转型成本等。

（2）产业增长趋势。①年增长率（销售收入、利润）、市场总容量等的历史数据。②依据上述历史数据及科技与市场发展的可能性，预测该行业未来的增长趋势。③分析影响增长的原因。探讨技术、资金、人力成本、技术进步等因素是如何影响行业增长的，并比较各自的影响力（应提供有关专家意见）。

（3）产业竞争分析。①行业内的竞争概况和竞争方式；②对替代品和互补品的分析，替代品和互补品行业对该行业的影响、各自的优劣势、未来趋势；③影响该行业上升或者衰落的因素分析。

（4）相关产业分析。①列出上下游行业的具体情况、与该行业的依赖情况、上下游行业的发展前景，如可能，应作产业相关度分析；②列出上下游行业的主要厂商及其简要情况。

（5）劳动力需求分析。①该行业对人才的主要要求，目前劳动力市场上的供需情况；②劳动力市场的变化对行业发展的影响。

（6）政府影响力分析。①分析国家产业政策对行业发展起的作用（政府的引导倾向、各种优惠措施等）；②其他相关政策的影响，如环保政策、人才政策、对外开放政策等。

7.3.1.3　公司未来发展的展望

（1）公司所处行业的发展趋势及市场竞争格局。

（2）公司未来的发展机遇和挑战。

（3）公司近期发展战略。

7.3.1.4　风险分析

（1）资金来源及占净资产的比例。

（2）经营业绩的影响：几个主要指标（净利润、每股收益、净资产收益率）。

（3）如项目失败对公司经营的影响程度。

7.3.2　实训任务二

基于公司披露的年度报告，利用哲睿财务分析软件，进行财务报表分析。具体内容如下：

7.3.2.1　资产负债表分析

（1）资产负债表水平分析（表7-1）。

表 7-1　资产负债表水平分析

编制单位：　　　　　　　　　20××年 12 月 31 日　　　　　　　　　单位：元

指标名称	期初余额	期末余额	绝对比较值	相对比较值
货币资金				
交易性金融资产				
短期投资				
应收票据				
应收股利				
应收利息				
应收账款				
坏账准备				

指标名称	期初余额	期末余额	绝对比较值	相对比较值
应收账款净额				
预付货款				
应收补贴款				
其他应收款				
一年内到期的非流动资产				
内部应收款				
待摊费用				
存货				
其中：消耗性生物资产				
准备存货变动损失准备				
存货净额				
待转其他业务支出				
待处理流动资产损失				
一年内到期的长期债券投资				
影响流动资产其他科目				
其他流动资产				
流动资产合计				
可供出售金融资产				
持有至到期投资				
长期应收款				
长期股权投资				
投资性房地产				
长期债权投资				
长期投资减值准备				
长期投资				
合并价差				
固定资产原价				
累计折旧				

续表

指标名称	期初余额	期末余额	绝对比较值	相对比较值
固定资产净值				
工程物资				
在建工程				
生产性生物资产				
油气资产				
固定资产清理				
待处理固定资产净损失				
其他				
固定资产合计				
无形资产				
递延资产				
开发支出				
商誉				
开办费				
长期待摊费用				
无形资产及递延资产合计				
其他长期资产				
递延所得税资产				
其他非流动资产				
影响非流动资产其他科目				
非流动资产合计				
资产总计				
短期借款				
交易性金融负债				
应付账款				
应付票据				
应付职工薪酬				
应付福利费				

指标名称	期初余额	期末余额	绝对比较值	相对比较值
预收账款				
其他应付款				
一年内到期的非流动负债				
内部应付款				
应交税费				
未付股利				
其他未交款				
预提费用				
待扣税金				
住房周转金				
一年内到期的长期负债				
其他流动负债				
流动负债合计				
其他非流动负债				
影响非流动负债其他科目				
非流动负债合计				
长期负债				
应付债券				
长期应付款				
其他长期负债				
待转销汇税收益				
长期负债合计				
递延所得税负债				
负债合计				
少数股东权益				
影响所有者权益其他科目				
实收资本				
资本公积				

续表

指标名称	期初余额	期末余额	绝对比较值	相对比较值
减：库存股				
盈余公积				
其中：公益金				
未分配利润				
外币报表折算差额				
股东权益合计				
负债与股东权益合计				

请说明：

对公司总资产规模变动进行原因分析和评价：

_____

_____

_____ 。

对公司具体资产项目变动进行原因分析和评价：

_____

_____

_____ 。

对公司负债规模变动进行原因分析和评价：

_____

_____

_____ 。

对公司具体负债项目变动进行原因分析和评价：

_____

_____

_____ 。

（2）资产负债表结构分析（表7-2）。

表7-2　资产负债表结构分析

编制单位：　　　　　　　　　　20××年12月31日　　　　　　　　　单位：元

字段项目	行次	数值	占本类别比例（%）	占总类别比例（%）	占营业收入比例（%）
货币资金	1				
交易性金融资产	2				
短期投资	3				
应收票据	4				
应收股利	5				
应收利息	6				
应收账款	7				
坏账准备	8				
应收账款净额	9				
预付货款	10				
应收补贴款	11				
其他应收款	12				
一年内到期的非流动资产	13				
内部应收款	14				
待摊费用	15				
存货	16				
其中：消耗性生物资产	17				
准备存货变动损失准备	18				
存货净额	19				
待转其他业务支出	20				
待处理流动资产损失	21				
一年内到期的长期债券投资	22				
影响流动资产其他科目	23				
其他流动资产	24				
流动资产合计	25				
可供出售金融资产	26				
持有至到期投资	27				
长期应收款	28				
长期股权投资	29				
投资性房地产	30				

字段项目	行次	数值	占本类别比例 (%)	占总类别比例 (%)	占营业收入比例 (%)
长期债权投资	31				
长期投资减值准备	32				
长期投资	33				
合并价差	34				
固定资产原价	35				
累计折旧	36				
固定资产净值	37				
工程物资	38				
在建工程	39				
生产性生物资产	40				
油气资产	41				
固定资产清理	42				
待处理固定资产净损失	43				
其他	44				
固定资产合计	45				
无形资产	46				
递延资产	47				
开发支出	48				
商誉	49				
开办费	50				
长期待摊费用	51				
无形资产及递延资产合计	52				
其他长期资产	53				
递延所得税资产	54				
其他非流动资产	55				
影响非流动资产其他科目	56				
非流动资产合计	57				
资产总计	58				
短期借款	59				
交易性金融负债	60				

字段项目	行次	数值	占本类别比例 (%)	占总类别比例 (%)	占营业收入比例 (%)
应付账款	61				
应付票据	62				
应付职工薪酬	63				
应付福利费	64				
预收账款	65				
其他应付款	66				
一年内到期的非流动负债	67				
内部应付款	68				
应交税费	69				
未付股利	70				
其他未交款	71				
预提费用	72				
待扣税金	73				
住房周转金	74				
一年内到期的长期负债	75				
其他流动负债	76				
流动负债合计	77				
其他非流动负债	78				
影响非流动负债其他科目	79				
非流动负债合计	80				
长期负债	81				
应付债券	82				
长期应付款	83				
其他长期负债	84				
待转销汇税收益	85				
长期负债合计	86				
递延所得税负债	87				
负债合计	88				
少数股东权益	89				
影响所有者权益其他科目	90				

续表

字段项目	行次	数值	占本类别比例 (%)	占总类别比例 (%)	占营业收入比例 (%)
实收资本	91				
资本公积	92				
减：库存股	93				
盈余公积	94				
其中：公益金	95				
未分配利润	96				
外币报表折算差额	97				
股东权益合计	98				
负债与股东权益合计	99				

请说明：

公司占比最高的资产项目是_____，占比_____。

对公司占比变动进行原因分析和评价：

_____

_____

_____。

公司结构百分比增加幅度最大的资产项目是_____，增幅_____。

对公司结构百分比变动进行原因分析和评价：

_____

_____

_____。

公司结构百分比减少幅度最大的资产项目是_____，减幅_____。

对公司结构百分比变动进行原因分析和评价：

_____

_____

_____。

公司占比最高的负债项目是_____，占比_____。

对公司占比变动进行原因分析和评价：

_____

_____

_____。

公司结构百分比增加幅度最大的负债项目是_____，增幅_____。

对公司结构百分比变动进行原因分析和评价：

_____

_____

_____。

公司结构百分比减少幅度最大的负债项目是_____，减幅_____。

对公司结构百分比变动进行原因分析和评价：

_____

_____

_____。

（3）流动资产结构分析（表7-3）。

表 7-3 ××公司流动资产内部结构分析表

单位：元

项目	期末余额	期初余额	变动
速动资产			
预付货款			
一年内到期的非流动资产			
存货			
其他流动资产			

对公司流动资产内部结构进行分析和评价：

_____

_____

_____。

（4）货币资金结构分析（表7-4）。

表7-4　××公司近三年货币资金数据

单位：元

项目	××年	××年	××年
库存现金			
银行存款			
其他货币资金			
合计			

对公司货币资金结构进行分析和评价：

_____

_____

_____。

（5）存货结构分析（表7-5）。

表7-5　××公司存货结构

单位：元

项目	期末余额		期初余额	
	账面价值	占存货总额（%）	账面价值	占存货总额（%）
原材料				
在产品				
库存商品				
周转材料				
消耗性生物资产				
委托加工物资				
合计				

对公司存货结构进行分析和评价：

_____

_____

_____。

（6）应收账款结构分析（表 7-6、表 7-7）。

表 7-6　××公司按账龄分析法计提坏账准备的应收账款分析

账龄	期末余额		
	应收账款	坏账准备	计提比例
1 年以内小计			
1~2 年			
2~3 年			
4~5 年			
5 年以上			
合计			

表 7-7　××公司期末单项金额重大并单项计提坏账准备的应收账款

应收账款（按单位）	期末余额			
	应收账款	坏账准备	计提比例	计提理由
××公司				
××公司				
合计				

对公司应收账款结构进行分析和评价：

_____

_____

_____。

（7）固定资产结构分析（表 7-8、表 7-9）。

表 7-8　××公司资产负债表固定资产项目

项目	期初余额（元）	占本类别比例（%）	占总类别比例（%）	期末余额（元）	占本类别比例（%）	占总类别比例（%）
固定资产净值						
在建工程						
固定资产合计						
资产总计						

表 7-9　××公司在建工程项目变动情况

单位：元

项目名称	期初余额	本期增加金额	本期转入金额	期末余额	工程进度	资金来源
合计						

对公司固定资产结构进行分析和评价：

_____

_____

_____ 。

（8）固流结构分析（表 7-10）。

表 7-10　××公司固流结构

单位：元

项目	期末余额	
	账面价值	占合计百分比（%）
流动资产		
固定资产		
合计		

对公司固流结构进行分析和评价：

_____

_____

_____ 。

（9）资本结构分析（表 7-11）。

表 7-11 ××公司资本结构

单位：元

项目	期末余额	
	账面价值	占合计百分比（%）
负债		
所有者权益		
合计		

对公司资本结构进行分析和评价：

_____

_____

_____ 。

7.3.2.2 利润表分析

（1）利润表水平分析（表 7-12）。

表 7-12 利润表水平分析

编制单位：   20××年 12 月 31 日   单位：元

指标名称	期初余额	期末余额	绝对比较值	相对比较值
营业收入				
折扣与折让				
营业收入净额				
营业成本				
营业税金及附加				
销售费用				
营业费用				
管理费用				
财务费用				
其中利息费用				
勘探费用				
资产减值损失				
公允价值变动收益				

指标名称	期初余额	期末余额	绝对比较值	相对比较值
投资收益				
其中_对联营企业和合营企业的投资收益				
其他业务利润				
营业利润				
补贴收入				
营业外收入				
营业外支出				
其中：非流动资产处置损失				
影响营业利润的其他科目				
利润总额				
所得税				
少数股东损益				
影响利润总额的其他科目				
净利润				
年初未分配利润				
盈余公积转入				
其中：归属于母公司所有者的净利润				
其中：少数股东损益				
影响净利润的其他科目				
每股收益				
其中：基本每股收益				
其中：稀释每股收益				
可分配利润				
提取法定盈余公积金				
提取法定公益金				
可供股东分配的利润				
应付优先股股利				
提取任意公积				
应付普通股股利				
转做股本的普通股股利				
未分配利润				

请说明：

对公司净利润项目变动进行原因分析和评价：

_____

_____

_____ 。

对公司利润总额项目变动进行原因分析和评价：

_____

_____

_____ 。

对公司营业利润项目变动进行原因分析和评价：

_____

_____

_____ 。

对公司成本和费用项目变动进行原因分析和评价：

_____

_____

_____ 。

（2）利润表垂直分析（表7-13）。

表7-13 利润表垂直分析

制表单位：   20××年12月31日   单位：元

字段项目	行次	期初余额		期末余额	
		数值	占营业收入比例（%）	数值	占营业收入比例（%）
营业收入	1				
折扣与折让	2				
营业收入净额	3				
营业成本	4				
营业税金及附加	5				
销售费用	6				
营业费用	7				
管理费用	8				
财务费用	9				

续表

字段项目	行次	期初余额		期末余额	
		数值	占营业收入比例（%）	数值	占营业收入比例（%）
其中利息费用	10				
勘探费用	11				
资产减值损失	12				
公允价值变动收益	13				
投资收益	14				
其中：对联营企业和合营企业的投资收益	15				
其他业务利润	16				
营业利润	17				
补贴收入	18				
营业外收入	19				
营业外支出	20				
其中：非流动资产处置损失	21				
影响营业利润的其他科目	22				
利润总额	23				
所得税	24				
少数股东损益	25				
影响利润总额的其他科目	26				
净利润	27				
年初未分配利润	28				
盈余公积转入	29				
其中：归属于母公司所有者的净利润	30				
其中：少数股东损益	31				
影响净利润的其他科目	32				
每股收益	33				
其中：基本每股收益	34				
其中：稀释每股收益	35				
可分配利润	36				
提取法定盈余公积金	37				
提取法定公益金	38				

续表

字段项目	行次	期初余额		期末余额	
		数值	占营业收入比例(%)	数值	占营业收入比例(%)
可供股东分配的利润	39				
应付优先股股利	40				
提取任意公积	41				
应付普通股股利	42				
转做股本的普通股股利	43				
未分配利润	44				

垂直分析：

公司金额占利润总额比重最大的收入项目是

①_____

②_____

③_____

对公司利润项目变动进行原因分析和评价：

_____

_____

_____。

公司金额占利润总额比重最大的成本费用项目是

①_____

②_____

③_____

对公司成本费用项目变动进行原因分析和评价：

_____

_____

_____。

总体评价：

_____

_____

_____。

（3）收入类项目结构分析（表7-14）。

表 7-14　收入类项目结构分析表

单位：元

字段项目	数值	占利润总额比例（%）	占营业收入比例（%）
营业收入			
投资收益			
营业外收入			
合计			

收入类项目结构分析和评价：

_____

_____

_____。

（4）收入类项目增减变动分析（表7-15）。

表 7-15　收入类项目增减变动分析表

单位：元

字段项目	期初余额		期末余额		差异	
	数值	占营业收入比例（%）	数值	占营业收入比例(%)	数值	占营业收入比例(%)
营业收入						
投资收益						
营业外收入						
合计						

收入类项目增减变动分析和评价：

_____

_____

_____。

（5）营业收入品种构成变动分析（表7-16）。

表7-16　营业收入品种构成变动分析表

单位：元

产品名称	期初余额		期末余额		差异	
	数值	占营业收入比例(%)	数值	占营业收入比例(%)	数值	占营业收入比例(%)
合计						

营业收入品种构成变动分析和评价：

_____

_____

_____。

（6）营业收入增长情况分析（表7-17）。

表7-17　营业收入增长情况分析表

单位：元

年份	营业收入	定基增长速度（%）	环比增长速度（%）
20××			
20××			
20××			
合计			

营业收入增长情况分析和评价：

_____

_____

_____。

（7）支出类项目结构分析（表7–18）。

表 7–18　支出类项目结构分析表

单位：元

字段项目	数值	占利润总额比例（%）	占营业收入比例（%）
营业成本			
营业税金及附加			
销售费用			
营业费用			
管理费用			
财务费用			
资产减值损失			
营业外支出			
所得税			
支出合计			

支出类项目结构分析和评价：

_____

_____

_____。

（8）支出类项目增减变动分析（表7–19）。

表 7–19　支出类项目增减变动分析表

单位：元

字段项目	期初余额		期末余额		差异	
	数值	占营业收入比例　（%）	数值	占营业收入比例(%)	数值	占营业收入比例(%)
营业成本						
营业税金及附加						
销售费用						
营业费用						
管理费用						
财务费用						
资产减值损失						
营业外支出						
所得税						
支出合计						

支出类项目增减变动分析和评价：

_____

_____

_____。

（9）销售费用增减变动分析（表 7-20）。

表 7-20　销售费用增减变动分析表

单位：元

字段项目	期初余额		期末余额		差异	
	数值	占销售费用比例（%）	数值	占销售费用比例(%)	数值	占销售费用比例(%)
支出合计						

销售费用增减变动分析和评价：

_____

_____

_____。

（10）管理费用增减变动分析（表7–21）。

表 7–21　管理费用增减变动分析表

单位：元

字段项目	期初余额		期末余额		差异	
	数值	占销售费用比例(%)	数值	占销售费用比例(%)	数值	占销售费用比例(%)
支出合计						

管理费用增减变动分析和评价：

_____

_____

_____。

（11）财务费用增减变动分析（表7–22）。

表 7–22　财务费用增减变动分析表

单位：元

字段项目	期初余额		期末余额		差异	
	数值	占销售费用比例(%)	数值	占销售费用比例(%)	数值	占销售费用比例(%)

续表

字段项目	期初余额		期末余额		差异	
	数值	占销售费用比例(%)	数值	占销售费用比例(%)	数值	占销售费用比例(%)
支出合计						

财务费用增减变动分析和评价：

_____
_____
_____。

(12) 资产减值损失增减变动分析（表7-23）。

表 7-23　资产减值损失增减变动分析表

单位：元

字段项目	期初余额	期末余额	差异
坏账损失			
存货跌价损失			
长期股权投资减值损失			
商誉减值损失			
支出合计			

资产减值损失增减变动分析和评价：

_____
_____
_____。

7.3.2.3 现金流量表分析

（1）现金流量表水平分析（表7-24）。

表7-24 现金流量表水平分析表

单位：元

字段项目	期末余额	期初余额	变动额	变动率（%）
销售商品提供劳务收到的现金				
收到的租金				
收到的税费返还				
收到的其他与经营活动有关的现金				
经营活动现金流入小计				
购买商品接受劳务支付的现金				
经营租赁所支付的现金				
支付给职工以及为职工支付的现金				
支付的增值税款				
支付的所得税款				
支付的除增值税所得税以外的其他税费				
支付的各项税费				
支付的其他与经营活动有关的现金				
经营活动现金流出小计				
经营活动产生的现金净额				
收回投资所收到的现金				
分得股利或利润所收到的现金				
取得债券利息收入所收到的现金				
取得投资收益所收到的现金				
处置固定资产无形资产和其他长期资产所收回的现金净额				
处置子公司及其他营业单位收到的现金净额				
收到的其他与投资活动有关的现金				
投资活动现金流入小计				
购建固定资产无形资产和其他长期资产所支付的现金				
权益性投资所支付的现金				
债权性投资所支付的现金				

续表

字段项目	期末余额	期初余额	变动额	变动率（%）
投资所支付的现金				
取得子公司及其他营业单位支付的现金净额				
支付的其他与投资活动有关的现金				
投资活动现金流出小计				
投资活动产生的现金流量净额				
吸收投资收到的现金				
取得借款收到的现金				
收到的其他与筹资活动有关的现金				
筹资活动现金流入小计				
偿还债务所支付的现金				
发生筹资费用所支付的现金				
分配股利或利润所支付的现金				
偿付利息所支付的现金				
融资租赁所支付的现金				
减少注册资本所支付的现金				
支付的其他与筹资活动有关的现金				
筹资活动现金流出小计				
筹资活动产生的现金流量净额				
汇率变动对现金的影响额				
现金及现金等价物净增加额				
期初现金及现金等价物余额				
以固定资产偿还债务				
以投资偿还债务				
以固定资产进行投资				
以存货偿还债务				
少数股东权益				
计提的坏账准备或转销的坏账				
固定资产折旧				
无形资产摊销				
待摊费用的减少				
预提费用的增加				
增值税增加净额				
期末现金及现金等价物余额				

经营活动产生的现金净额增减变动分析和评价：

_____

_____

_____。

投资活动产生的现金净额增减变动分析和评价：

_____

_____

_____。

筹资活动产生的现金净额增减变动分析和评价：

_____

_____

_____。

（2）现金流入结构分析（表7-25）。

表7-25　现金流入结构分析表

单位：元

字段项目	期末余额	结构百分比（%）	
		以现金流入小计为基础	以现金总流入为基础
销售商品提供劳务收到的现金			
收到的租金			
收到的税费返还			
收到的其他与经营活动有关的现金			
经营活动现金流入小计			
收回投资所收到的现金			
分得股利或利润所收到的现金			
取得债券利息收入所收到的现金			
取得投资收益所收到的现金			
处置固定资产无形资产和其他长期资产所收回的现金净额			
处置子公司及其他营业单位收到的现金净额			
收到的其他与投资活动有关的现金			
投资活动现金流入小计			

续表

字段项目	期末余额	结构百分比（%）	
		以现金流入小计为基础	以现金总流入为基础
投资活动产生的现金流量净额			
吸收投资收到的现金			
取得借款收到的现金			
收到的其他与筹资活动有关的现金			
筹资活动现金流入小计			
现金流入合计			

现金流入结构分析和评价：

_____

_____

_____。

（3）现金流出结构分析（表7-26）。

表 7-26　现金流出结构分析表

单位：元

字段项目	期末余额	结构百分比（%）	
		以现金流出小计为基础	以现金总流出为基础
购买商品接受劳务支付的现金			
经营租赁所支付的现金			
支付给职工以及为职工支付的现金			
支付的增值税款			
支付的所得税款			
支付的除增值税所得税以外的其他税费			
支付的各项税费			
支付的其他与经营活动有关的现金			
经营活动现金流出小计			
购建固定资产无形资产和其他长期资产所支付的现金			
权益性投资所支付的现金			

续表

字段项目	期末余额	结构百分比（%）	
		以现金流出小计为基础	以现金总流出为基础
债权性投资所支付的现金			
投资所支付的现金			
取得子公司及其他营业单位支付的现金净额			
支付的其他与投资活动有关的现金			
投资活动现金流出小计			
偿还债务所支付的现金			
发生筹资费用所支付的现金			
分配股利或利润所支付的现金			
偿付利息所支付的现金			
融资租赁所支付的现金			
减少注册资本所支付的现金			
支付的其他与筹资活动有关的现金			
筹资活动现金流出小计			
现金流出合计			

现金流出结构分析和评价：

_____

_____

_____。

7.3.3 实训任务三

基于公司披露的年度报告，利用哲睿财务分析软件，进行财务效率分析。具体内容如下：

7.3.3.1 盈利能力分析

（1）以销售收入为基础的利润率分析（表7-27、图7-1）。

表7-27 ××公司近五年主营业务利润率数据

项目 ＼ 年份	20××	20××	20××	20××	20××
主营业务利润率					
行业平均值					

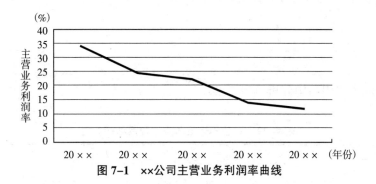

图7-1 ××公司主营业务利润率曲线

以销售收入为基础的利润率分析和评价：

_____

_____

_____。

（2）成本费用对盈利能力的影响分析（表7-28、图7-2）。

表7-28 ××公司近五年成本费用利润率数据

项目 ＼ 年份	20××	20××	20××	20××	20××
利润总额					
成本费用总额					
成本费用利润率					
行业平均值					

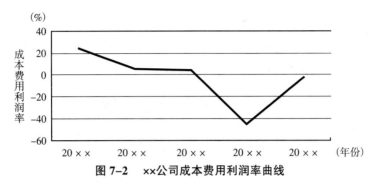

图 7-2 ××公司成本费用利润率曲线

成本费用对盈利能力的影响分析和评价:

_____

_____

_____。

(3) 成本费用结构分析 (表7-29)。

表 7-29 ××公司近五年成本费用结构数据

项 目 \ 年份	20××年	20××年	20××年	20××年	20××年
营业成本/成本费用					
营业税金/成本费用					
销售费用/成本费用					
管理费用/成本费用					
财务费用/成本费用					

成本费用结构分析和评价:

_____

_____

_____。

（4）以资产/股东权益为基础的盈利能力分析（表 7–30、图 7–3）。

表 7–30　××公司近五年以资产/股东权益为基础的盈利能力分析数据

项目 ＼ 年份	20××	20××	20××	20××	20××
总资产报酬率					
净资产收益率					
行业平均值					

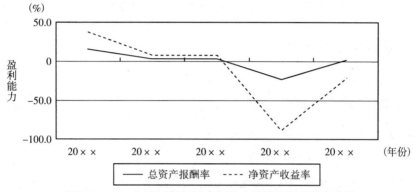

图 7–3　××公司以资产/股东权益为基础的盈利能力曲线

以资产/股东权益为基础的盈利能力分析和评价：

_____

_____

_____ 。

7.3.3.2　营运能力分析

（1）资产使用效率分析（表 7–31、图 7–4）。

表 7–31　××公司近五年资产使用效率分析数据

项目 ＼ 年份	20××	20××	20××	20××	20××
总资产周转率					
流动资产周转率					
固定资产周转率					
行业平均值					

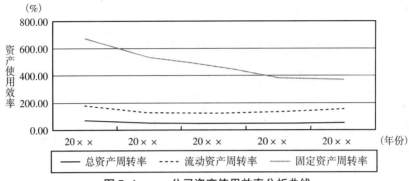

图7-4 ××公司资产使用效率分析曲线

资产使用效率分析和评价：

_____

_____

_____ 。

（2）存货/应收账款使用效率分析（表7-32、图7-5）。

表7-32   ××公司近五年存货/应收账款使用效率分析数据

项目＼年份	20××	20××	20××	20××	20××
应收账款周转率					
存货周转率					

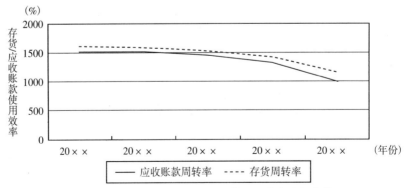

图7-5 ××公司存货/应收账款使用效率分析曲线

存货/应收账款使用效率分析和评价：

_____

_____

_____。

（3）应收账款和应付账款的协调性分析（表 7–33、图 7–6）。

表 7–33　××公司近五年应收账款和应付账款的协调性分析数据

项目＼年份	20××	20××	20××	20××	20××
应收账款周转率					
应付账款周转率					

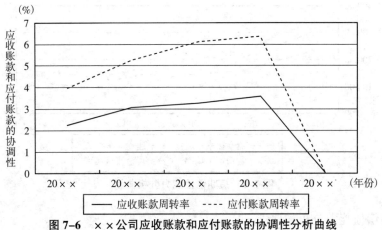

图 7–6　××公司应收账款和应付账款的协调性分析曲线

应收账款和应付账款的协调性分析和评价：

_____

_____

_____。

7.3.3.3 偿债能力分析

（1）短期偿债能力分析（表7–34、图7–7）。

表7–34　××公司近五年短期偿债能力分析数据

项目 ＼ 年份	20××	20××	20××	20××	20××
流动比率					
速动比率					
货币资金比率					
现金流量比率					

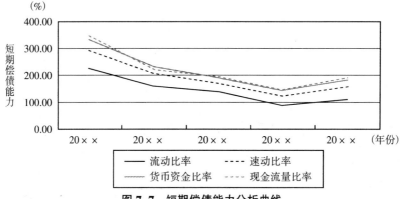

图7–7　短期偿债能力分析曲线

短期偿债能力分析和评价：

_____

_____

_____。

（2）长期偿债能力分析（表7–35、图7–8）。

表7–35　××公司近五年长期偿债能力分析数据

项目 ＼ 年份	20××	20××	20××	20××	20××
资产负债率					
产权比率					
利息保障倍数					

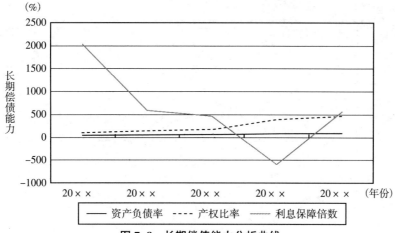

图 7-8 长期偿债能力分析曲线

长期偿债能力分析和评价：

_____

_____

_____。

7.3.3.4 成长能力分析

（1）资产增长情况分析（表 7-36、图 7-9）。

表 7-36　××公司近五年资产增长情况分析数据

项目＼年份	20××	20××	20××	20××	20××
总资产增长率					
流动资产增长率					
固定资产增长率					

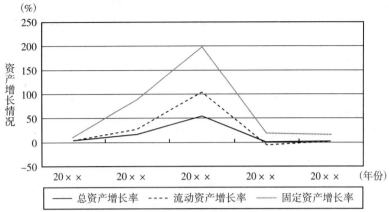

图7-9　资产增长情况分析曲线

资产增长情况分析和评价：

_____

_____

_____。

（2）资本保值增值能力分析（表7-37、图7-10）。

表7-37　××公司近五年资本保值增值能力分析数据

年份 项目	20××	20××	20××	20××	20××
公积金增长率					
自有资金增长率					
资本金增值率					
资本保值增值率					

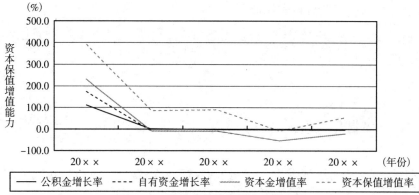

图 7-10 资本保值增值能力分析曲线

资本保值增值能力分析和评价：

_____

_____

_____。

（3）盈利能力增长情况分析（表 7-38、图 7-11）。

表 7-38 ××公司近五年盈利能力增长情况分析数据

项目 \ 年份	20××	20××	20××	20××	20××
利润总额增长率					
净利润增长率					
销售收入增率					

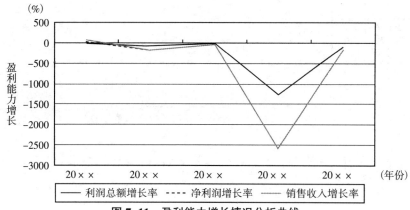

图 7-11 盈利能力增长情况分析曲线

盈利能力增长情况分析和评价：

_____

_____

_____。

7.3.4 实训任务四

基于公司披露的年度报告，利用哲睿财务分析软件，进行公司财务综合分析。具体内容如下：

杜邦财务体系分析

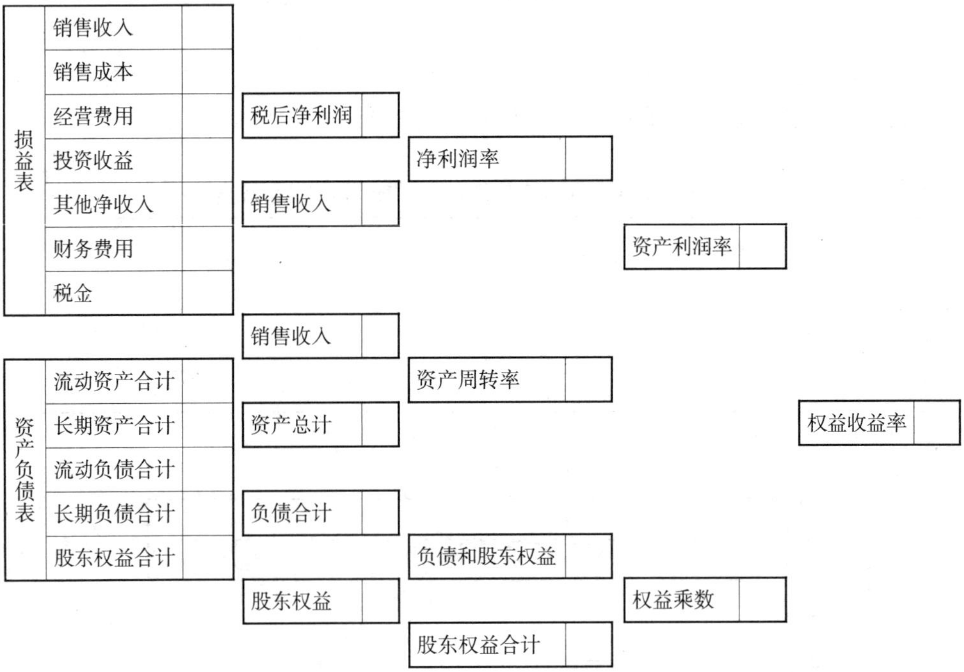

图 7-12　××公司杜邦财务分析体系

基于传统杜邦财务分析体系，利用因素分析法对××公司的财务进行综合评价：

_____

_____

7.3.5　实训任务五

根据公司财务分析存在的问题，提出优化措施。

一、_____

_____

_____。

二、_____

_____

_____。

三、_____

_____

_____。

四、_____

_____

_____。

五、_____

_____

_____。

六、_____

_____

_____。

‖第8章‖
财务建模实训专题

8.1 实训项目：盈余质量分析

8.1.1 实训目的

通过本专题的实训，理解盈余质量和盈余管理的概念，掌握评估盈余质量和识别盈余管理的方法，掌握利用软件进行盈余质量评估的方法，掌握对企业盈余质量进行分析的方法。

8.1.2 背景知识

随着公司进行盈余管理，利润操纵的情况越来越普遍，盈余管理和盈余质量分析问题受到了各方的关注。盈余管理就是企业管理当局在遵循会计准则的基础上，通过对企业对外报告的会计收益信息进行控制或调整，以达到主体自身利益最大化的行为。

8.1.2.1 基本理论

Hawkins（1998）认为，盈余质量高的公司有以下特征：持续稳健的会计政策，该政策对公司财务状况和净收益的确认是谨慎的；收益是由经常性发生的与公司基本业务相关的交易所带来的；会计上反映的销售能迅速地转化为现金；净收益的水平和成长不依赖于税法的变动；企业债务水平是适当的，并且企业没有使用它的资本结构来进行盈余操纵；稳定的、可预测的、能够反映未来收益水平的趋势等。同时他指出：盈余质量并不仅涉及收益一个要素，财务活动和经营活动特征会对收益质量排列的高低顺序产生影响，如经营杠杆系数、财务杠杆系数、流动性、行业因素。另外，经济环境、税收政策、会计政策、使用者目的等也是决定公司盈余质量的重要因素。

Dechow 和 Schrand（2004）认为，高质量的盈余需要满足以下三个条件：第一是反映现在的运营状况；第二是未来运营状况的良好预测指标；第三是真实地反映公司的内在价值。因此，当盈余是高质量时，它会更加的持续且稳定；与未来现金流的实现更为相关；与公司股价或市场价值更为相关。她们同时指出，只有当公司的盈余真实地反映出公司价值时，持续和稳定才有意义，如果孤立地考虑持续和稳定，那么盈余的预测效果是无法保证的。

Francis 等（2004）认为盈余有以下属性：

其一，应计利润的质量。由于应计项目的可操纵性降低了盈余信息的相关性，证券分析通常认为越具有现金保障的应计利润质量越佳。经营性现金流量在衡量企业经营业绩方面优于净收益数字，因为净收益数字中包含了许多应计、递延、摊销和估计项目，而这些项目的可操纵性和主观性明显要高于经营性现金流量。

其二，持续性。持续性越好的盈余质量越佳，因为持续的盈余会再次发生。通常将当期盈余和后期盈余回归模型中，当期盈余的斜率作为盈余持续性的标准。斜率越大，说明持续性越好。但应注意损益表中不同项目的持续性是不同的。

其三，可预测性。可预测性是指盈余预测自己的能力。持续性是 FASB 概念框架中相关性的组成部分之一，可预测的盈余被准则制定者认为是高质量的，同时也被分析师认为是进行价值评估的一个重要部分。

其四，价值相关性。这个属性源自盈余应解释投资回报能力的观点，解释力越强的盈余被认为质量越高。盈余质量与股票收益间应存在正相关关系，盈余质量较好的公司，具有较高的盈余反映系数，股票价格会有正面的反映。

其五，平稳性。波动越小的盈余越平稳。平稳的收益被认为是高质量的，因为营业者们运用他们对于未来收入的私人信息来平滑盈余短时间内的波动，并且报告了一个更为有用的信息。

8.1.2.2　基本模型

哲睿经营分析系统（BIA）提供了测量盈余管理和盈余质量分析的四种模型，包括琼斯模型（Jones）、扩展琼斯模型、K–S 模型（Kang and Sivaramakrishnan）、边际模型（K.V.PeasneH，P.F.Pope and Young）。

琼斯模型和边际模型明确地将经济环境的变化引入了对应计利润的估计。琼斯模型提供了可靠的估计，并能有效地用于假设检验。琼斯模型和边际模型都有很好的预测能力，琼斯模型在识别收入操纵和费用操纵方面能力较强，而边际模型在公司出现异常经营活动现金流量时预测的应计利润更为准确。但这两种模型对数据的要求较高，需要 10 年以上的时间序列数据来估计模型的参数。K–S 模型是一种比较精确的预测模型，它的拟合效果最好。但 K–S 模型的计算比较烦琐，对数据的要求非常高，所有涉及的变量都要求有二阶滞后值作为工具。

（1）琼斯模型（Jones）。

$$\mathrm{ETA}_{it}/A_{it-1} = b_0/A_{it-1} + b_1 \Delta \mathrm{REV}_{it}/A_{it-1} + b_2 \mathrm{PPE}_{it}/A_{it-1} + \varepsilon_{it}$$

其中：ETA_{it} 为 i 公司第 t 年的经过上期期末总资产调整后的公司 i 的正常性应计利润；$\Delta \mathrm{REV}_{it}$ 为 i 公司第 t 年营业收入的增加额；PPE_{it} 为 i 公司第 t 年固定资产总额；b_0 为常数项；b_1、b_2 分别为营业收入和固定资产的回归系数；A_{it-1} 为 i 公司第 t–1 年的资产总额。

（2）扩展琼斯模型。

$$\frac{\mathrm{ETA}_{it}}{A_{it-1}} = \frac{b_0}{A_{it-1}} + b_1 \left(\frac{\Delta \mathrm{REV}_{it}}{A_{it-1}} - \frac{\Delta \mathrm{REC}_{it}}{A_{it-1}} \right) + b_2 \frac{\mathrm{FA}_{it}}{A_{it-1}} + b_3 \frac{\mathrm{IA}_{it}}{A_{it-1}}$$

其中：ETA_{it} 为 i 公司第 t 年的经过上期期末总资产调整后的公司 i 的正常性应计利润；$\Delta \mathrm{REV}_{it}$ 为 i 公司第 t 年营业收入的增加额；$\Delta \mathrm{REC}_{it}$ 为 i 公司第 t 年的应收账款变动额；FA_{it} 为 i 公司第 t 年的财产、厂房和设备，即固定资产；IA_{it} 为 i 公司第 t 年的无形资产和其他长期资产；A_{it-1} 为 i 公司第 t–1 年的资产总额。

（3）K–S 模型（Kang and Sivaramakrishnan）。

$$\frac{\mathrm{ACCBAL}_t}{A_{t-1}} = b_0 + b_1 \frac{\mathrm{REV}_t}{A_{t-1}} \left(\frac{\mathrm{ART}_{t-1}}{\mathrm{REV}_{t-1}} \right) + b_2 \frac{\mathrm{EXP}_t}{A_{t-1}} \left(\frac{\mathrm{OCAL}_{t-1}}{\mathrm{EXP}_{t-1}} \right) + b_3 \frac{\mathrm{PPE}_t}{A_{t-1}}$$
$$\left(\frac{\mathrm{DEP}_{t-1}}{\mathrm{PPE}_{t-1}} \right)$$

其中：ACCBAL=流动资产–现金–流动负债–折旧费用；REV_t 为第 t 年营业收入；OCAL=流动资产–应收账款–现金–流动负债；DEP 为损益表中的折旧费用；

ART=应收账款−退税收入；EXP 为成本费用，主要为经营费用，包括经营成本、销售或营业费用和管理费用；b_0 为常数项；b_1、b_2、b_3 为回归系数。损益表中年折旧费用是按照固定资产净值/15 进行估算。

（4）调整 K–S 模型。

K–S 模型的内在假设：对每个公司来说，在当期和上一期间，其销售收入与应收款项之间，成本费用与存货及应付款项之间，折旧摊销与财产、厂房和设备之间的比率关系保持稳定。这样，公司的应计利润余额就主要由销售收入、成本费用和固定资产来决定。

根据夏立军（2003）的研究，由于时间序列模型在中国股票市场还不适用，根据 K–S 模型的建模思想，对 K–S 模型进行调整，将其改为截面模型，并将其内在假设改变为：在同一行业内，不同公司具有类似的应收账款周转率、存货和应付账款周转率以及固定资产折旧率。这样，可以使用截面数据对公司的正常性应计利润进行估计，模型如下：

$$\frac{ETA_t}{A_{t-1}} = b_0 + b_1 \frac{REV_t}{A_{t-1}} + b_2 \frac{COST_t}{A_{t-1}} + b_3 \frac{PPE_t}{A_{t-1}}$$

其中：ETA 是经过上期期末总资产调整后的公司 i 的正常性应计利润，REV 是公司 i 当期营业收入，COST 是公司 i 当期营业成本，PPE 是公司 i 当期期末固定资产合计，A 是公司 i 上期期末总资产，b_0 为常数项；b_1、b_2、b_3 为回归系数，是行业特征参数。这些行业特征参数的估计值根据普通最小二乘法估算（OLS），并代入各个公司数据或时间序列数据。

（5）边际模型（K.V.PeasneH，P.F.Pope and Young）。

$$ETA_t/A_{t-1} = b_0 + b_1 REV_t/A_{t-1} + b_2 CR_t/A_{t-1}$$

其中：ETA 为经过上期期末总资产调整后的公司 i 的正常性应计利润；REV_t 为第 t 年营业收入；CR_t 为营业收入与应收账款之差；b_0 为常数项；b_1、b_2 为回归系数。

从理论上讲，残差是回归方程的随机项，其均值应等于零，如果其值显著地异于零，则说明存在异常的操控性应计利润，即存在盈余管理行为。

以上模型除传统 K–S 模型之外，都要通过计算得出 ETA/A_{t-1}。正常性应计利润（即 ETA）的计算有两种方式：一种是针对美国市场的盈余管理研究常用的，即 GA = EBXI − CFO，其中 GA 代表目前总应计利润，EBXI 为经营利润，CFO 为经营活动净现金流量；另一种将线下项目也包括于总应计利润中，即使用 TA =

NI－CFO，其中 TA 代表包括线下项目的总应计利润，NI 为净利润，CFO 为经营活动净现金流量。为了表述方便，在下面估计正常性应计利润的模型表述中，我们将这两种方法计算的总应计利润，也就是 TA 和 GA 统称为 ETA。

通过以上公式，回归得出回归系数，再将系数代入原始数据，得出各时间序列或各企业（行业截面分析）的正常应计利润 NDA/A。然后用 ETD/A－NDA/A，则得出 DA/A，DA/A 为经过上期资产总计修正的操纵性利润，如果乘以上期资产总计，则为操纵性利润。DA/A 经过上期资产总计修正，是一个相对指标，因此各个公司之间具有可比性。通常的 DA 就是指 DA/A。很多论文都是计算出 DA 以后，再以 DA 作为变量和其他变量进行比较建模。

哲睿经营分析软件系统中包括两种回归：一是普通最小二乘多元（OLS），二是多元岭回归。多元岭回归是不带有常数项 b_0，满足特定要求的计算。

8.1.3　实训例解

8.1.3.1　计算 *ST 獐岛（002069）操纵性利润，评估盈余质量

图 8-1　选择样本公司

（1）选择样本公司。

（2）计算数据与结果呈现。点击右侧"基础数据"，哲睿经营分析软件提取

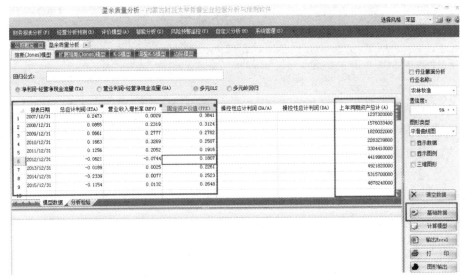

图 8-2　提取基础数据

出计算 *ST 獐岛操纵性利润需要的财务数据。

点击右侧"计算数据"，哲睿经营分析软件计算出 *ST 獐岛操纵性利润的结果。

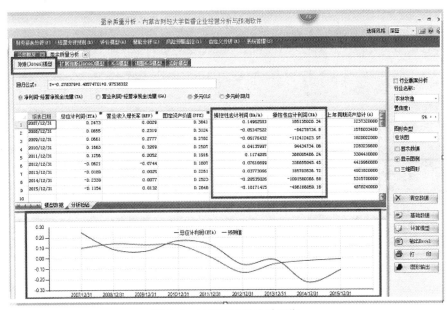

图 8-3　计算操纵性应计利润

8.1.3.2 计算行业截面数据操纵性利润，评估盈余质量

选择分析公司，系统默认琼斯模型，勾选"行业截面分析"，选择行业名称"农林牧渔"，其他选项系统默认，先点击"基础数据"，后点击"计算模型"，计算出行业截面数据操纵性利润。

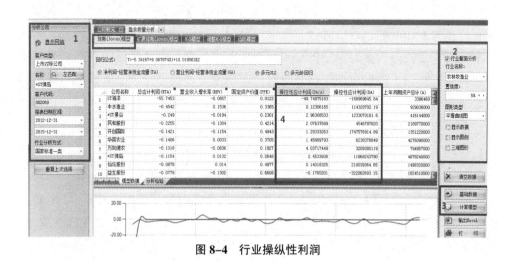

图 8-4 行业操纵性利润

8.1.3.3 计算扩展琼斯模型、K–S 模型、调整 K–S 模型和边际模型

系统默认琼斯模型、扩展琼斯模型、K–S 模型、调整 K–S 模型和边际模型的计算过程如上面所述，只是选择相应模型即可。

8.2 实训项目：阿塔曼模型

8.2.1 实训目的

通过本项目的实训，理解阿塔曼模型的基本含义，掌握阿塔曼模型在哲睿经营分析软件中的计算过程，掌握应用阿塔曼模型进行企业经营预警的方法。

8.2.2　背景知识

8.2.2.1　财务预警基本理论

企业财务预警，即财务失败预警，是指借助企业提供的财务报表、经营计划及其他相关会计资料，利用财会、统计、金融、企业管理、市场营销理论，采用比率分析、比较分析、因素分析及多种分析方法，对企业的经营活动、财务活动等进行分析预测，以发现企业在经营管理活动中潜在的经营风险和财务风险，并在危机发生之前向企业经营者发出警告，督促企业管理当局采取有效措施，避免潜在的风险演变成损失，同时，可以作为企业经营预警系统的重要子系统，也可为企业纠正经营方向、改进经营决策和有效配置资源提供可靠依据。

财务预警应用的方法主要是阿塔曼模型，也称为 Z 值模型（Altman's Z-Score model），是阿塔曼教授在 1968 年分析了美国破产企业和非破产企业的 22 个会计变量和 22 非会计变量，从中选取了衡量变现能力、盈利能力、财务杠杆效率、偿还能力、流动性 5 个关键指标，建立了 Z 值模型，Z 值模型是用来预测企业是否面临破产的模型，该模型于 2000 年进行了修正[1]。

研究表明 Z-score 模型的预测准确率高达 72%~80%，是以多变量的统计方

---

① 2000 年修正后的模型，采用 7 个指标作为企业失败和成功的变量，指标如下：

其一，资产报酬率，用息税前收益除以总资产来衡量。在过去许多的多变量研究（包括 Altman (1968, 1973)）及最主要的单变量研究中（Beaver, 1967），这个变量在衡量公司业绩时是非常有用的。

其二，收益的稳定性，用十年资产报酬率的标准差的倒数来衡量。由围绕变量 X_1 10 年变化趋势所估计出的标准差给出。商业风险通常都是用收益的波动性来衡量的，而这一衡量方法是非常有效的。

其三，利息保障倍数，即息税前收益/总利息支出（包括资本化的租赁负债的利息支出）。

其四，盈利积累，由公司的留存收益/总资产来衡量。这一比率不仅反映了公司随时间累积的盈利能力，还包含了公司的经营时间长短及红利政策等因素。在过去的研究中，包括阿塔曼（Altman, 1968）的研究，这一比率是相当有用的。不论是在单变量分析中还是在多变量分析中，这一指标无疑都是最重要的变量。

其五，流动比率。尽管以前的一些研究发现，在预测公司破产的时候，流动比率并没有其他的一些流动性指标那么有效，但是发现它比其他指标（如营运资本/总资产比率）包含更多的信息。

其六，资本化率。用 5 年的股票平均市场值/总长期资本来度量，即普通股价值除以总资本，分子和分母中的普通股价值都是用其 5 年的平均市场价值来衡量。分母中还包括了优先股的清偿价值、长期债务和资本化的租赁。

其七，资产规模，由公司的总资产来衡量。这一变量跟其他变量一样，也是根据最新的财务报告变化进行调整的。

这 7 个指标分别表示企业目前的盈利性、收益的风险、利息、长期的盈利性、流动性和规模等特征。

法为基础，以破产企业为样本，通过大量的实验，对企业的运行状况、破产与否进行分析、判别的系统。Z-score 模型在美国、澳大利亚、巴西、加拿大、英国、法国、德国、爱尔兰、日本和荷兰得到了广泛的应用。

8.2.2.2 阿塔曼 Z 值模型

（1）阿塔曼 Z 值模型解释。在哲睿经营分析软件系统（BIA）中，阿塔曼 Z 值的回归方程表示如下：

$$Z = 1.2X_1 + 1.4X_2 + 3.3X_3 + 0.6X_4 + 1.0X_5$$

各指标具体含义如下：

其一，X_1 指标主要是用来分析流动性和资产规模。计算公式如下：

X_1 = 营运资本/总资产

其中，营运资本 = 流动资产合计 − 流动负债合计

如果一家公司面临持续性经营的困难，流动资产相对于总资产就会萎缩。

其二，X_2 指标是累积盈利性的指标。计算公式如下：

X_2 = 留存收益/总资产

其中，留存收益 = 净利润 × 留存比例

应该注意到留存收益会因为公司重组或股票分红而变化，因此在使用该指标预测时要考虑到公司的存在年限。如果公司刚成立，没有多长时间累积利润，该指标会很低，那么该类公司有可能会被误分为破产公司，但是这个比率在实际中用于预测却很准确，因为有很大一部分公司在其成立的早期阶段就已经破产了。

其三，X_3 指标用于衡量企业资产的盈利能力。计算公式如下：

X_3 = 资产报酬率 = 息税前利润/总资产

公司的持续经营取决于资产的盈利能力，因此用该指标预测财务困境非常有效。当公司的资产盈利能力不足以偿还其债务时，就会发生破产。

其四，X_4 指标用于评估当负债超过一定限度、公司濒临破产的时候，公司资产价值下降的程度。计算公式如下：

X_4 = 权益市场值/总债务的账面值

其中，权益市场值 = 净利润 × 市盈率

总债务的账面值 = 长期负债合计 + 流动负债合计

该指标的倒数（负债/权益比率）通常被用于衡量财务杠杆。

其五，X_5 指标是一个衡量公司资产管理能力的指标。计算公式如下：

X_5 = 销售收入/总资产

总之，阿塔曼模型可以用于银行的贷款评价，可以作为审批贷款的一个参考，也可以作为评定客户信用价值的方法，并且具有一定的预测功能，但不能代替审批，如果公司归于破产组，并继续恶化，则必然破产。该模型还可以用于企业应收账款的管理，内部控制程序、投资战略等，作为企业诊断和决策的依据。

（2）阿塔曼敏感性分析。阿塔曼敏感性分析是指分析某一指标不同的变化区间对阿塔曼 Z 值的影响程度。其中，敏感系数=目标值变动百分比/参量值变动百分比。

在哲睿经营分析软件系统（BIA）中，对阿塔曼 Z 值进行敏感性分析，设定18 个分析指标，选择其中的一个指标进行敏感性分析，通过改变该指标的"变化率区间"（如–30%~+30%），设定其"变化步长"，得到一组随"指标变化率"的变动而变动的"阿塔曼 Z 值变化率"数据，以"指标变化率"作为坐标的横轴，因该指标的变化所引起的"阿塔曼 Z 值变化率"作为坐标的纵轴，这就构成了 BIA 系统中的阿塔曼 Z 值敏感性分析图。

进行阿塔曼 Z 值敏感性分析，目的如下：①找出影响阿塔曼 Z 值变动率的各个敏感性指标；②通过变动各个敏感性指标的变化区间及变化步长，来分析各个敏感性指标的变动对阿塔曼 Z 值的影响程度；③比较各个敏感性指标变动对阿塔曼 Z 值变动的敏感性大小，确定不同敏感性指标对阿塔曼 Z 值的敏感性程度的大小并进行排序；④根据排序结果来分析敏感性程度不同的各个指标对阿塔曼 Z 值产生的影响，及对原因进一步分析。

8.2.3 实训例解

8.2.3.1 计算 *ST 獐岛的 Z 值并评价

选择好分析公司，点击菜单"评价分析"，选择"阿塔曼模型"，BIA 计算 Z 值。

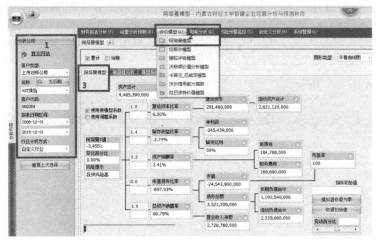

图8-5 阿塔曼Z值计算

8.2.3.2 阿塔曼敏感性分析

在图8-5的基础上，点击"敏感性分析"，确定分析的敏感性指标①，调整参数"变化区间"（默认为-30%~30%），选择指标（如资产报酬率），确定"变化步长"（默认自动），计算"指标变化率"变动对"阿塔曼Z值变动率"的影响程度，找出敏感性因素。结果如图8-6所示。

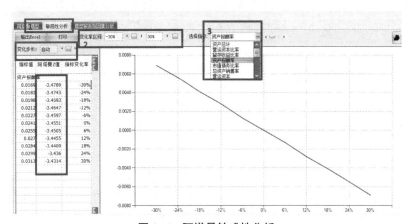

图8-6 阿塔曼敏感性分析

---

① 评价阿塔曼Z值敏感性的指标主要包括18个：资产总计、营运资本比率、留存收益比率、资产报酬率、市值债务比率、总资产销售率、营运资本、净利润、留存比例、市值、债务总额、营业收入净额、流动资产合计、流动负债合计、所得税、财务费用、长期负债合计、市盈率。

以上计算结果也可以绘制"敏感性分析图"，求出各个指标对阿塔曼 Z 值产生怎样的影响。点击"模型报告与因素分析"，勾选"阿塔曼因素分析"，选择自动变量变动率，默认 5%，点击"生成报告"，结果如图 8-7 所示，同时，也可以把结果输出 Excel 和打印。

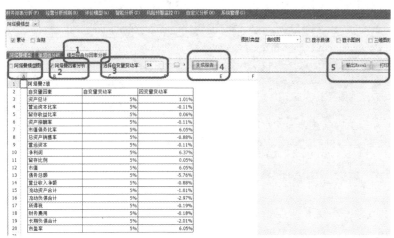

图 8-7　阿塔曼 Z 值分析报告

8.3　实训项目：主成分分析

8.3.1　实训目的

理解主成分分析的含义，掌握主成分分析的应用范围，掌握利用分析软件进行主成分分析的方法。

8.3.2 背景知识

8.3.2.1 主成分分析基本原理

主成分分析法（Principal Component Analysis，PCA），也称因子分析法，最早是由美国心理学家 Charies Spearman 于 1904 年提出，其基本原理是将实测的多个指标，用少数几个潜在的相互独立的主成分指标（因子）的线性组合来表示，构成的线性组合可以反映原多个实测指标的主要信息，使分析与评价指标变量时，能够找出主导因素，切断相关的干扰，做出更准确的估量与评价。

主成分分析作为基础的数学分析方法，其实际应用十分广泛，比如经济分析、人口统计学、数量地理学、分子动力学模拟、数学建模、数理分析等学科中均有应用，是一种常用的多变量分析方法。

8.3.2.2 主成分分析法的主要步骤

（1）数据标准化。设原始数据矩阵为：

$X = (x_{ij})_{p \times n}$

其中，p = 财务指标变量数；n = 待评价上市公司的个数；x_{ij} = 第 j 家上市公司的第 i 个财务指标数据。

为了消除各项财务指标由于量纲单位不同或正、逆性指标不同所带来的不可公度性，应将各项指标进行标准化处理。

$$x'_{ij} = \frac{x_{ij} - \bar{x}_i}{S_i}, \; (i = 1, \, 2, \, \cdots, \, p; \; j = 1, \, 2, \, \cdots, \, n)$$

其中，$\bar{x}_i = \dfrac{1}{p} \sum_{j=1}^{n} x_{ij}$，$S_i = \dfrac{1}{p-1} \sum_{j=1}^{n} (x_{ij} - \bar{x}_i)$，$(i = 1, \, 2, \, \cdots, \, p)$

为方便起见，仍记标准化后的数据x'_{ij}为x_{ij}。

（2）主成分分析。对标准化后的数据矩阵x_{ij}，主成分分析法的步骤如下：

第一步，计算相关矩阵 $R = XX^T$。

第二步，计算相关矩阵 R 的特征值为$\lambda_1 > \lambda_2 > \cdots > \lambda_p \geqslant 0$，

第 i 成分方差贡献为 $d_i = \dfrac{\lambda_i}{\sum\limits_{k=1}^{p} \lambda_k}$ ，i = 1，2，…，p。

第三步，确定主成分数：选取前 m 个特征值大于 1 的主成分，m 为所选取主成分数。

第四步，为了方便解释每个主成分，将因子荷载矩阵实行方差最大旋转，以简化因子模型结构。

8.3.2.3　哲睿经营分析软件的主成分分析的应用

BIA 系统根据综合查询工具构建了两个主成分分析应用：运用一是企业内部经营要素的分析评价，运用二是不同企业之间的比较和主成分评分。

在 BIA 中，需要在软件中 SQL 文本框中输入 SQL 语句或点击"条件生成器"，构建 SQL 语句，但是哲睿经营分析软件的 SQL 语句与国际标准 SQL 语句略有不同，即直接支持变量，用"｛ ｝"代表变量，可以输入客户名称和报表日期区间。

在 BIA 系统中，系统结果可以生成标准化矩阵、协方差矩阵、相关矩阵、特征值贡献度、特征向量、因子载荷矩阵、主成分得分和综合得分等内容。

8.3.3　实训例解

确定分析公司，本例确定 *ST獐岛。

8.3.3.1　提取原始数据

哲睿经营分析软件提供了比较方便的主成分分析方法。点击软件界面左侧竖排的"自定义查询"，点击"查询名称"中的"主成分分析"，选择"运用一"，点击菜单项"智能分析"，选择"主成分分析"，在弹出的对话框"条件生成器—SQL"的空白处粘贴引号中内容"select 报表日期，净资产收益率，经营资产收益率，销售收入增长率，总资产周转率，易变现率，盈余现金费用率 from 财务比率表"。

where 代码='002069' And （报表日期 Between '2006-12-31' And '2015-

12–31') And month（报表日期）='12' order by（报表日期）[①]，点击"确定"，软件提取出原始数据。如图8-8所示。

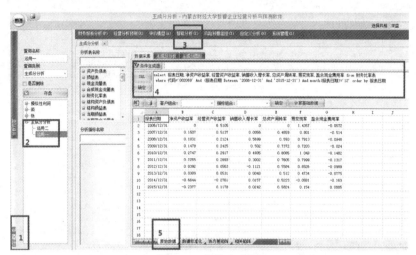

图 8-8 条件生成器

8.3.3.2 数据标准化

点击"数据标准化"，点击"计算基础数据"，生成"数据标准化""协方差矩阵"和"相关矩阵"，这是用于计算主成分的基础数据。如图8-9、图8-10和图8-11所示。

8.3.3.3 主成分分析

选择"主成分分析"页面，单击"计算"按钮，则计算出主成分分析的主要内容，系统默认主成分的判定标准为特征值，也可选择累计贡献度。如图8-12、图8-13和图8-14所示。

在图8-12中，BIA将特征值贡献度按大小排列，当累计贡献度达到一定程度时，如80%或90%时，累计越高，解释度越高，同时主成分越多。本例中主成分贡献度超过0的有6个，累计90%以上的有3个，因此系统自动确定3个主成分替代6个经济指标。

---

① SQL条件语句中不要用公司名称，因为公司名称经常变动，本例中，2015年底，獐子岛现叫 *ST 獐岛，一旦中文录错系统就找不到该公司数据，用该公司证券代码002069就不会出错。

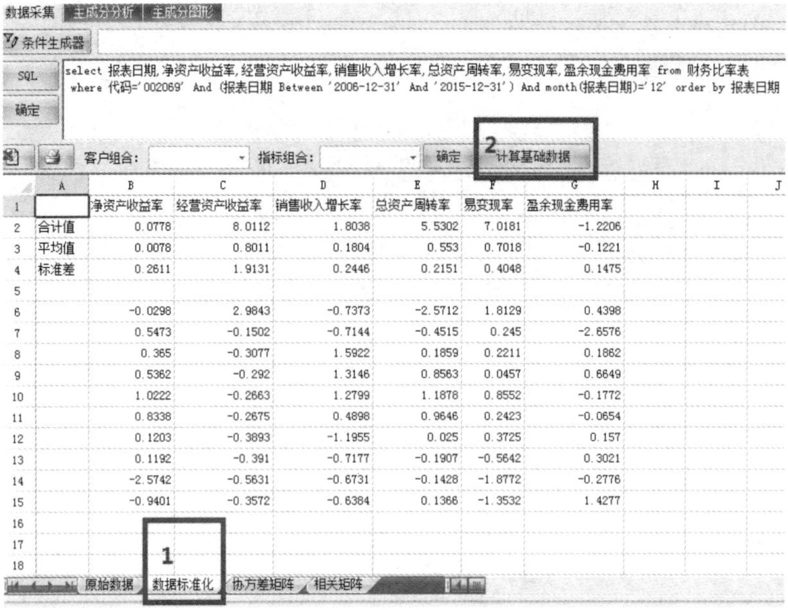

数据采集　主成分分析　主成分图形

条件生成器

SQL　select 报表日期,净资产收益率,经营资产收益率,销售收入增长率,总资产周转率,易变现率,盈余现金费用率 from 财务比率表
确定　where 代码='002069' And (报表日期 Between '2006-12-31' And '2015-12-31') And month(报表日期)='12' order by 报表日期

客户组合：＿＿＿　指标组合：＿＿＿　确定　2 计算基础数据

	A	净资产收益率	经营资产收益率	销售收入增长率	总资产周转率	易变现率	盈余现金费用率	H	I	J
1										
2	合计值	0.0778	8.0112	1.8038	5.5302	7.0181	-1.2206			
3	平均值	0.0078	0.8011	0.1804	0.553	0.7018	-0.1221			
4	标准差	0.2611	1.9131	0.2446	0.2151	0.4048	0.1475			
5										
6		-0.0298	2.9843	-0.7373	-2.5712	1.8129	0.4398			
7		0.5473	-0.1502	-0.7144	-0.4515	0.245	-2.6576			
8		0.365	-0.3077	1.5922	0.1859	0.2211	0.1862			
9		0.5362	-0.292	1.3146	0.8563	0.0457	0.6649			
10		1.0222	-0.2663	1.2799	1.1878	0.8552	-0.1772			
11		0.8338	-0.2675	0.4898	0.9646	0.2423	-0.0654			
12		0.1203	-0.3893	-1.1955	0.025	0.3725	0.157			
13		0.1192	-0.391	-0.7177	-0.1907	-0.5642	0.3021			
14		-2.5742	-0.5631	-0.6731	-0.1428	-1.8772	-0.2776			
15		-0.9401	-0.3572	-0.6384	0.1366	-1.3532	1.4277			
16										
17										
18	1									

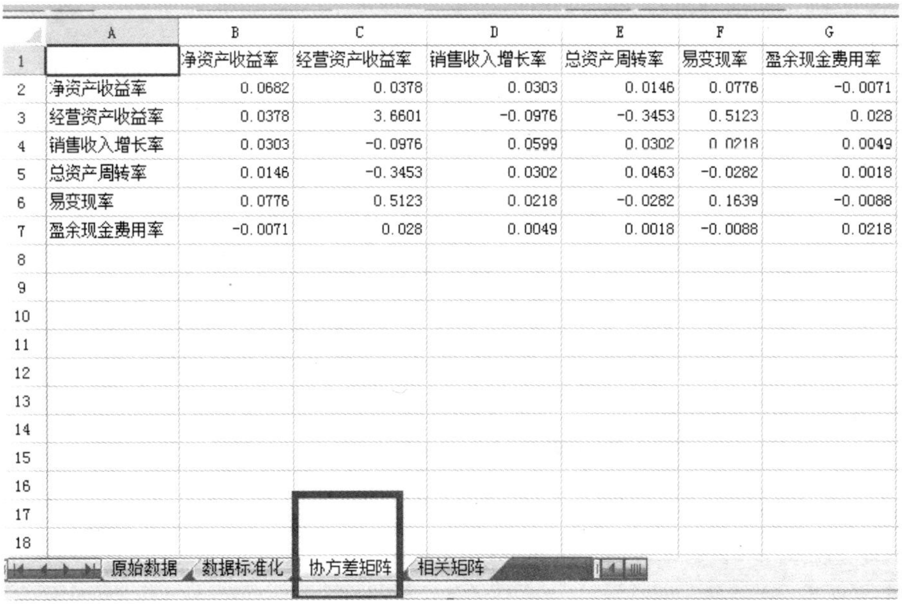

原始数据　数据标准化　协方差矩阵　相关矩阵

图 8-9　计算基础数据

	A	B 净资产收益率	C 经营资产收益率	D 销售收入增长率	E 总资产周转率	F 易变现率	G 盈余现金费用率
1							
2	净资产收益率	0.0682	0.0378	0.0303	0.0146	0.0776	-0.0071
3	经营资产收益率	0.0378	3.6601	-0.0976	-0.3453	0.5123	0.028
4	销售收入增长率	0.0303	-0.0976	0.0599	0.0302	0.0218	0.0049
5	总资产周转率	0.0146	-0.3453	0.0302	0.0463	-0.0282	0.0018
6	易变现率	0.0776	0.5123	0.0218	-0.0282	0.1639	-0.0088
7	盈余现金费用率	-0.0071	0.028	0.0049	0.0018	-0.0088	0.0218
8							
9							
10							
11							
12							
13							
14							
15							
16							
17							
18							

原始数据　数据标准化　协方差矩阵　相关矩阵

图 8-10　协方差矩阵

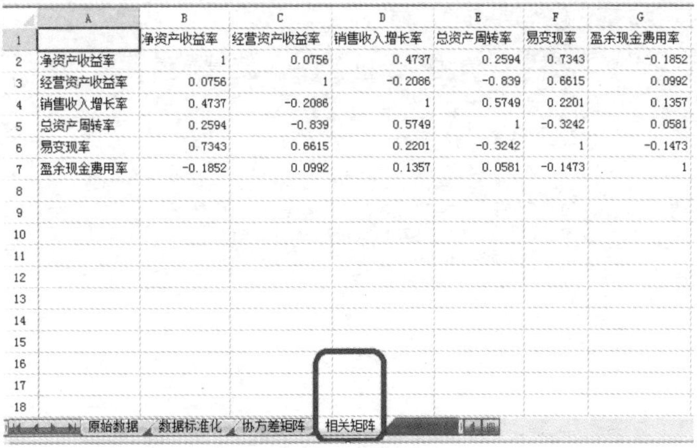

	净资产收益率	经营资产收益率	销售收入增长率	总资产周转率	易变现率	盈余现金费用率
净资产收益率	1	0.0756	0.4737	0.2594	0.7343	-0.1852
经营资产收益率	0.0756	1	-0.2086	-0.839	0.6615	0.0992
销售收入增长率	0.4737	-0.2086	1	0.5749	0.2201	0.1357
总资产周转率	0.2594	-0.839	0.5749	1	-0.3242	0.0581
易变现率	0.7343	0.6615	0.2201	-0.3242	1	-0.1473
盈余现金费用率	-0.1852	0.0992	0.1357	0.0581	-0.1473	1

图 8-11　相关矩阵

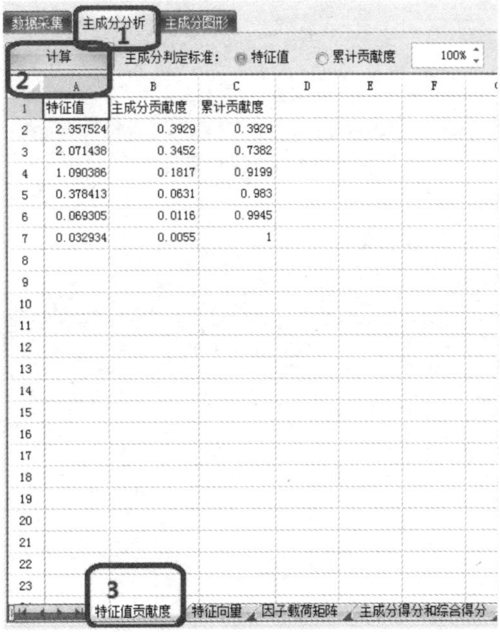

特征值	主成分贡献度	累计贡献度
2.357524	0.3929	0.3929
2.071438	0.3452	0.7382
1.090386	0.1817	0.9199
0.378413	0.0631	0.983
0.069305	0.0116	0.9945
0.032934	0.0055	1

图 8-12　特征值贡献度

在图 8-13 中，BIA 的特征向量反映 3 个主成分与 6 个经济指标之间的关系，绝对值越大越能反映该经济指标的内容。

在图 8-14 中，BIA 因子载荷矩阵则是通过因子旋转、变换使主成分更贴近经济指标。

图 8-13 特征向量计算

图 8-14 因子载荷矩阵

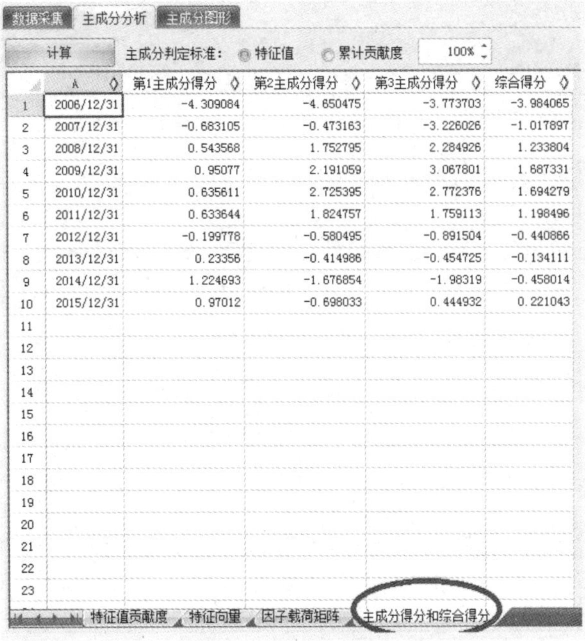

数据采集　主成分分析　主成分图形

计算　主成分判定标准：○ 特征值　○ 累计贡献度　100%

	A	第1主成分得分	第2主成分得分	第3主成分得分	综合得分
1	2006/12/31	-4.309084	-4.650475	-3.773703	-3.984065
2	2007/12/31	-0.683105	-0.473163	-3.226026	-1.017897
3	2008/12/31	0.543568	1.752795	2.284926	1.233804
4	2009/12/31	0.95077	2.191059	3.067801	1.687331
5	2010/12/31	0.635611	2.725395	2.772376	1.694279
6	2011/12/31	0.633644	1.824757	1.759113	1.198496
7	2012/12/31	-0.199778	-0.580495	-0.891504	-0.440866
8	2013/12/31	0.23356	-0.414986	-0.454725	-0.134111
9	2014/12/31	1.224693	-1.676854	-1.98319	-0.458014
10	2015/12/31	0.97012	-0.698033	0.444932	0.221043

特征值贡献度　特征向量　因子载荷矩阵　主成分得分和综合得分

图 8-15　主成分得分

图 8-15 是主成分分析的结果，可以评价企业的经营状况，可以看到 *ST 獐岛在 2010 年经营结果最好，2006 年相对较差。

以上举例是一个企业不同时期的比较，"运用二"则是不同企业在某一时期的比较。其操作方法是一样的。

8.4　实训项目：风险预警雷达图分析

8.4.1　实训目的

了解雷达图的基本理论，掌握雷达图的画法，掌握风险预警雷达图的分析方法。

8.4.2　背景知识

8.4.2.1　风险预警雷达图的基本理论

雷达图（Radar Chart），也称蜘蛛图、蛛网图、星状图、极区图，是一种以二维形式展示多维数据的图形，从中心点出发辐射出多条坐标轴（至少大于三条），每一份多维数据在每一维度上的数值都占用一条坐标轴，并和相邻坐标轴上的数据点连接起来，形成一个不规则多边形。如果将相邻坐标轴上的刻度点也连接起来以便读取数值，整个图形形似蜘蛛网或雷达仪表盘，因此得名。

财务雷达图是财务分析报表的一种，即将一家公司的各项财务分析所得的数字或比率，就其比较重要的项目集中画在一个圆形的图表上，来表现一家公司各项财务比率的情况，使用者能一目了然地了解公司各项财务指标的变动情形及其好坏趋向。

风险预警雷达图是根据风险指标在一定区间内的变化幅度，通过雷达图凸出和凹进的形状来反映企业经营状况的一种方法。过多的凸出或凹进，都反映了某项指标的不正常变化，值得关注和预警。

8.4.2.2　雷达图的应用

雷达图的一个典型应用是显示对象在各种指标上的强弱。由于其天生具有多条坐标轴，因此能轻易地处理不同维度单位不同的情况。另外，即使在每个维度单位、范围相同的情况下，雷达图也比传统的条形图具有更强的视觉冲击力，能给枯燥单调的数据增色不少。

雷达图特别适合展示在某个属性上特别突出的对象，也可以突出在所有属性上数值都较大的对象。但一般而言，雷达图不太适合比较不同属性的值，这是因为人眼对于成角度的线段长度差异并不敏感。但是，雷达图有一个局限，就是数据点最多6个，否则无法辨别，因此适用场合有限。

8.4.2.3　雷达图的分析方法

如果企业的比率位于标准线以内，则说明企业比率值低于同行业的平均水平，应认真分析原因，提出改进方向；如果企业的比率值接近或低于小圆，则说明企业经营处于非常危险的境地，急需推出改革措施以扭转局面；如果企业的比率值超过了中圆或标准线，甚至接近大圆，则表明企业经营的优势所在，予以巩固和发扬。

8.4.3　实训例解

8.4.3.1　确定分析公司

本例确定 *ST 獐岛。

（1）单击菜单"风险预警监控"，选择"风险预警雷达图"进入该功能。

（2）预警指标选择。可以选择采用前面理论部分介绍的财务指标或者财务模型，也可以选用一些自己认为重要的财务指标作为预警指标，在左边的树形框内选择所需的"预警指标"；如果没有自己的预警指标体系，点击"默认预警指标"可以自动选择，系统默认的预警指标个数为 10 个；如果财务指标查找起来比较困难，则可以直接在树状框上面的"筛选指标"框内输入指标名称，系统会按照输入的指标名称，自动跳到所选择的指标上。以上选择都可以双击删除选定指标。本例选择"默认预警指标"。

（3）选择预警图形选项。若用户点击"显示标题"按钮，则在雷达图中会显示相应的预警指标标题；若用户点击"动态显示"按钮，则系统将动态演示该雷达图的形成过程。

（4）点击"预警雷达图"按钮，则系统自动计算出预警指标的"绝对差额"和"相对差额"，并显示出财务风险预警雷达图，其结果可以通过"图形输出"形成图片文件，便于使用。结果如图 8-16 所示。

8.4.3.2　结果分析

可以看出 *ST 獐岛的资产负债率过凸，而流动比率、速动比率过凹，说明企业的财务风险过大，偿债能力不足。

以上分析过程是公司自身的比较，还可以勾选"行业比较"，选择行业类型（本例选农林牧渔），点击"预警雷达图"即可做出行业的比较。

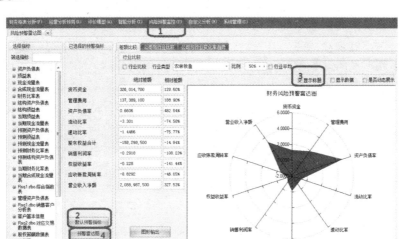

图 8-16　雷达图绘制

8.5　实训项目：EVA 计算与分析

8.5.1　实训目的

理解 EVA 的概念，掌握 EVA 指标的计算公式，掌握利用软件计算 EVA 的方法。

8.5.2　背景知识

8.5.2.1　EVA 原理

经济增加值（Economic Value Added，EVA）理论源于诺贝尔经济学奖得主默顿·米勒和弗兰克科·莫迪利亚尼 1958~1961 年关于公司价值经济模型的一系列论文。所谓"经济增加值"（EVA），就是指在考虑了资本投资风险的基础上，企业创造了高于资本机会成本的经济收益。EVA 越高，企业为股东带来的资本收益也就越高，EVA 直接反映了企业的资本生产力和经济效益。EVA 也可以理解为企业调整税后营业净利减去企业现有资产经济价值的机会成本后的余额。

　　EVA 就是真正利润的度量指标，与大多数其他度量指标的不同之处在于，EVA 考虑了带来企业利润的所有资金的成本，EVA 所考虑的资金成本就是经济学家所说的机会成本（OC），而这种机会成本是指投资者由于持有现有的公司证券而放弃的，在其他风险相当的股票和债券上的投资所预期带来的回报。从数字的角度来说则是 EVA=NOPAT−C%×TC，其中，NOPAT 是税后净经营利润，C% 是资金成本系数，TC 是使用的全部资金。

8.5.2.2　EVA 的优点

　　与传统财务指标比较，它具有非常明显的优点：EVA 考虑了资本成本，从而真正以股东财富（所有者财富）的增加来衡量企业的经营业绩，它表明公司在稀缺资源的分配、管理和再分配以实现公司的净现值，进而使股东财富实现最大化方面已经取得了怎样的成功。同时，它也表明了公司长期发展趋势是怎样的，因为市值反映的是对公司未来盈亏状况的预期，好的公司管理者能够使公司的经济增加值持续增长。

　　利用 EVA 评价企业，可有效地衡量企业经营过程中财富的增量或者资本的沉积；利用 EVA 解析企业财富，可以区分财富创造还是财富损失，据此合理分配财富、激发经营者创造财富的积极性，让所有者不担心财富流失；EVA 观念的树立可改善公司治理结构，有利于克服我国企业不重视创新和技术进步的缺点，激发企业经济的活力。

8.5.2.3　国资委 EVA

　　国资委经济增加值（EVA）是指企业税后净营业利润减去资本成本后的余额，其计算公式为：

　　经济增加值 = 税后净营业利润 − 资本成本 = 税后净营业利润 − 调整后资本 × 平均资本成本率

　　其中，税后净营业利润 = 净利润 +（利息支出 + 研究开发费用调整项 − 非经常性收益调整项 × 50%）×（1 − 25%）

　　调整后资本 = 平均所有者权益 + 平均负债合计 − 平均无息流动负债 − 平均在建工程

资本成本率原则上定为 5.5%，而对于承担国家政策性任务较重且资产通用性较差的企业，资本成本率定为 4.1%；对于资产负债率在 75% 以上的工业企业和资产负债率在 80% 以上的非工业企业，资本成本率上浮 0.5 个百分点；资本成本率确定后，三年保持不变。

其中非经常性收益调整项包括：

变卖主业优质资产收益：减持具有实质控制权的所属上市公司股权取得的收益（不包括在二级市场增持后又减持取得的收益）；企业集团（不含投资类企业集团）转让所属主业范围内且资产、收入或者利润占集团总体 10% 以上的非上市公司资产取得的收益。

主业优质资产以外的非流动资产转让收益：企业集团（不含投资类企业集团）转让股权（产权）收益，资产（含土地）转让收益。

其他非经常性收益：与主业发展无关的资产置换收益、与经常活动无关的补贴收入等。

考虑财务报表的内容和国内相关研究成果，实际公式如下：

税后净营业利润 = 净利润 +（偿付利息所支付的现金 + 管理费用 × 10% + 营业外支出 – 营业外收入 – 补贴收入）×（1 – 25%）

8.5.3　BIA 的 EVA

8.5.3.1　计算公式

在 BIA 系统中，用公式表示为：

EVA = 税后净营业利润 – 资本成本（机会成本）= 税后净营业利润 – 资本总计 × 加权平均资本成本

其中：税后净营业利润 = 营业收入净额 – 营业费用 – 税金营业费用 = 营业成本 + 销售管理等费用

资本总计 = 调整债务金额 + 调整权益金额

调整债务金额 = 借款 + 其他应计债务 = 短期借款 + 长期借款 + 其他应计债务

调整权益金额 = 股东权益 + 各种准备金 + 递延税项净值

加权平均资本成本 = 税前债务资本成本 × 债务额/总资本 ×（1 – 所得税税率）+ 权益资本成本 × 股票额/总资本

8.5.3.2　敏感性分析

EVA 敏感性分析是指分析某一指标不同的变化区间对 EVA 的影响程度。其中，敏感系数 = 目标值变动百分比/参量值变动百分比。

在 BIA 系统中，设定 22 个分析指标对 EVA 进行敏感性分析：税后净营业利润、资本总计、加权资本成本、营业收入净额、营业费用、税金、调整债务金额、调整权益金额、无风险报酬率、平均利息率、营业成本、销售管理等费用、借款、其他应计债务、贝塔系数、税率、短期借款、长期负债、股东权益、各种准备金、递延税项净值和市场风险溢价。

选择其中的一个指标进行敏感性分析，通过改变该指标的"变化率区间"，设定其"变化步长"，得到一组随"指标变化率"的变动而变动的"EVA 变化率"数据，以"指标变化率"作为坐标的横轴，因该指标的变化所引起的"EVA 变化率"作为坐标的纵轴，这就构成了 BIA 系统中的 EVA 敏感性分析图，通过这种动态模拟大致可以了解不同的分析指标对 EVA 影响的重要程度，并可对其原因进行进一步分析。

进行 EVA 敏感性分析，目的是在于：

（1）找出影响 EVA 变动率的各个敏感性指标；

（2）通过变动各个敏感性指标的变化区间及变化步长，来分析各个敏感性指标的变动对 EVA 的影响程度；

（3）比较各个敏感性指标变动对 EVA 变动的敏感性大小，确定不同敏感性指标对 EVA 的敏感性程度的大小并进行排序；

（4）根据排序结果来分析敏感性程度不同的各个指标对 EVA 产生的影响，及对原因进一步分析。

8.5.3.3　趋势分析

在 BIA 系统中，根据所选择的"报表日期"，及前面对 EVA 的结构分析指标，系统生成以"报表日期"为横坐标，以"当期 EVA"和"累计 EVA"为纵坐标，形成"EVA 趋势分析图"。通过趋势分析图，可以很容易地看出 EVA 在当期和累计值的变化情况及两者的差额情况。

8.5.4　实训例解

8.5.4.1　实训例解 1：计算 EVA

确定分析公司，本例确定 *ST 獐岛。

在 BIA 软件界面菜单"经营分析预测"中选择"经济增加值分析"，系统默认"累计"值，还可以选择"当期"值。EVA 分析有几个默认值：无风险报酬率系统默认为 2%，贝塔系数系统默认为 50%，市场风险溢价系统默认为 4%。结果如图 8–17 所示。

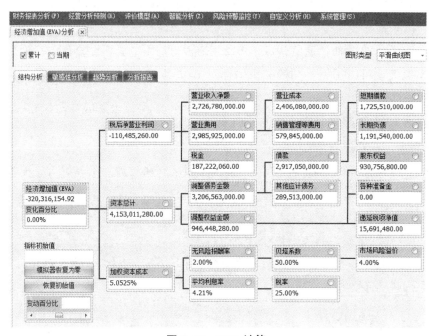

图 8–17　EVA 计算

结果分析：从图 8–17 中可以看出，*ST 獐岛的经济增加值为 –320,316,154.92 亿元，这说明公司没有创造股东财富，并且毁损了股东财富。

8.5.4.2　实训例解 2：EVA 敏感性分析

（1）点击"敏感性分析"，进入该功能。

（2）选定"选择指标"（如税后净营业利润），并设定其"变化率区间"（如：
–30%~+30%）和"变化步长"①。

（3）计算"指标变化率"变动对"EVA 变动率"的影响程度，找出敏感性
因素。

（4）绘制"敏感性分析图"，求出"选择指标"中各个指标对 EVA 产生怎样
的影响。

以上计算过程如图 8–18 所示。

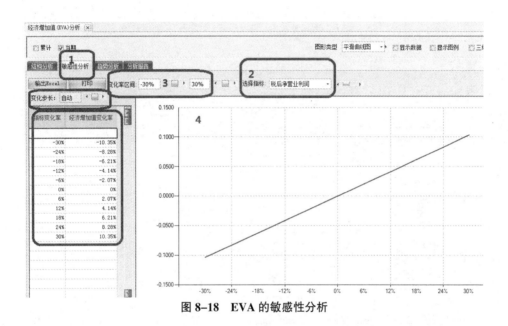

图 8–18　EVA 的敏感性分析

结果分析：从图 8–18 中可以看出，随着税后净营业利润从减少 30%到增加
30%的变化，*ST 獐岛的 EVA 也从减少 10.35%到增加 10.35%变化，这说明税后
净营业利润到 EVA 的影响是正向的，从变化图中也可以观察到这一点。

8.5.4.3　实训例解 3：生成 EVA 分析报告

敏感性分析只能反映单一指标在一个区间内的影响程度，要了解全部指标在
某一时点的影响程度，也就是说在某一时点，哪个指标更为重要，就需要通过因

---

① 因为变化率区间中有许多数值，所以用户需要选择步长，如步长为 1%，则–30%到 30%的区间就
有 61 个数值；系统默认"自动"就为 6%，这样–30%到 30%之间就有 11 个值，便于图形展示。

素分析来反映。

（1）选择"分析报告"，进入该功能。

（2）在"EVA因素分析"前的复选框中打勾，表示选中。

（3）调节"选择自变量变动率"（系统默认为5%），通过拉动按钮即可改变变动率。

（4）点击"生成报告"按钮，选择"EVA因素分析"时，则会形成因素分析报告，这个报告可以以Excel形式输出，也可以直接打印。选择"EVA体系结构图"时，则可以将动态模拟的EVA模型以树状图形式展现，并可以输出到Excel，或直接打印。如图8-19所示。

图8-19 EVA报告

结果分析以EVA应用作为核心业务的美国思腾思特管理咨询公司提出了帮助管理人员在决策过程中运用EVA的两条基本财务原则：第一条原则是任何公司的财务指标必须是最大限度地增加股东财富；第二条原则是一个公司的价值取决于投资者对利润是超出还是低于资本成本的预期程度。由此可见，EVA的可持续性增长将会带来公司市场价值的增值。

　　在 BIA 系统中，通过对 EVA 结构分析和敏感性分析的基础上，生成"EVA 体系结构图"和"EVA 因素分析表"，就可以了解全部指标在某一时点的影响程度，及在"自变量变动率"相同的情况下，所引起的"因变量的变动率"的大小及影响程度。

　　从图 8-19 中可以看出，影响 *ST 獐岛的 EVA 的 22 个影响中，在变动幅度同是 5%情况下，影响 EVA 最显著的三个因素是营业费用、营业成本和营业收入净额。